JN204996

高等学校と商業教育

番場 博之・森脇 一郎・水島 啓進 編著

Business Education in High School

八千代出版

執筆者紹介 （執筆順）

※高等学校教員の場合には採用教科、その他は主となる専門分野・活動分野を記載

番場　博之（駒澤大学経済学部教授）流通経済学　〔はしがき・序章・第2章、編者〕

水島　啓進（静岡県立小笠高等学校教諭）国語　　　　　　〔序章・第5章、編者〕

石嶺ちづる（高知大学教育学部助教）教育制度学　　　　　　　　　　〔第1章〕

堀　有喜衣（労働政策研究・研修機構主任研究員）教育社会学　　　　〔第3章〕

桜井　伸一（東京都立若葉総合高等学校教諭）商業　　　　　　　　〔コラム1〕

森脇　一郎（常葉大学経営学部専任講師）商業教育　　〔第4章・あとがき、編者〕

若下真太郎（駿河台学園職員）教育支援　　　　　　　　　　　　　〔コラム2〕

林　　一　（叡智塾塾頭）簿記　　　　　　　　　　　　　　　　　〔コラム3〕

鈴木　庸介（静岡県立駿河総合高等学校教諭）地理歴史・公民　　　　〔第6章〕

川田　一寿（日本電子専門学校教員）情報処理教育　　　　　　　　〔コラム4〕

小林　宏　（埼玉県立戸田翔陽高等学校教諭）商業　　　　　　　　　〔第7章〕

衞藤　準　（大分県立三重総合高等学校教諭）商業　　　　　　〔実践に学ぶ1〕

江口　真平（和歌山県立和歌山商業高等学校教諭）商業　　　　　　　〔第8章〕

小見山秀彦（静岡県立熱海高等学校教諭）商業　　　　　　　　　〔実践に学ぶ2〕

佐々木　明（山口県立宇部商業高等学校教諭）商業　　　　　　　　　〔第9章〕

斎藤雄一郎（栃木県立宇都宮商業高等学校教諭）商業　　　　　　〔実践に学ぶ3〕

堀川　順也（静岡県立小笠高等学校教諭）商業　　　　　　　　　　〔第10章〕

宮原　誠也（駒澤大学大学院商学研究科博士後期課程院生）商業教育　〔コラム5〕

は し が き

　高等学校商業科の衰退が著しい。文部省・文部科学省の「学校基本調査」によれば、ピーク時に比べて、その学科数は半数以下となり、対全高校生に占める商業科生徒数の割合も 3 分の 1 近くにまで低下してきている。

　高等学校における商業教育とは何か、その商業教育に求められるものとは何か、それは必要とされているのか、必要だが需要を確保できない障害があるのか、これらは商業科の問題とは区別して議論する必要があろう。そのうえで、商業教育が商業科という仕組みとどのように関連づけられるかの検討が必要となる。

　高等学校商業教育と商業科は、ほぼ一体のものとして議論することが以前は可能であった。しかし現在、高等学校では商業科以外での商業教育が広がってきており、また高等学校以外でも多様な機関で商業についての教育がなされているので、教育段階や機関等に関わらない一般的な意味での商業教育と高等学校商業教育、そして高等学校商業科の問題はいったん区別して議論することが重要である。

　そのうえで、高等学校の各学科や専修学校および地域等での商業教育の取り組み、そして商業教育と他の分野の教育あるいは異なる学校種別間の商業教育の関係性や連携を検討していくことが必要となろう。

　このような議論は、商業科が衰退している現状において、現職の教科「商業」教員に対して、そして教科「商業」教員を目指す学生に対して、自信をもって働き、学ぶことのできる根拠を示すことにも資すると考えるのである。そしてその前提として、多様な学科でなされている高等学校商業教育の現状を考えれば、教科「商業」教員は「商業科における商業の教員」ではなく、「高等学校において商業教育を担う教員」であることを確認しておくことがまず必要となろう。

––––––––––

　しかし残念なのは、これまでこのような議論がほとんどなされてこなかったことである。そこで、2015 年 3 月に主に高等学校の商業教育について考える

研究会を立ち上げた。立場やキャリアに関係なく、自由に学び意見を出し合う、役職も会費も名簿もない、期間限定の「商業教育研究会」である。教育学とのリンクの少ない高等学校商業教育分野で教育学を学ぶ機会でもあり、また1人の教員あるいは1つの学校での取り組みの事例を一般化して共有化するための学習会でもある。

　本書は、その研究会のメンバーによるこれまでの学びと取り組みの内容を、できるだけ多くのみなさんに知ってもらいたいという意図で出版するものである。研究会の目的は、何か1つの方向性を見出すことではなく、多様な考えの交流と議論の場の設定であった。したがって、本書も全体の構成や執筆の形式などについては編者がある程度は関わるが、内容自体はそれぞれの執筆者が自らの責任と考えに基づいて書いたものである。そのため、編者による内容の全体調整はしていない。

───────

　本書は、高等学校商業教育をどうするのかではなく、わが国の教育に高等学校商業教育がどのように資することができるのか（あるいはできないのか）を検討するという視点からの書である。

　まず序章において、高等学校における職業教育の位置づけやその教育課程とそこでの商業教育の仕組み、および本書との関わりに限定した範囲で今般改訂された新しい高等学校学習指導要領のポイントを解説している。本書を読み進めるためのガイドである。

　そのうえで、第1部「学校・社会と商業教育」では教育学・社会学の視点から社会との関わりを意識した商業教育論が提示される。第1章（石嶺ちづる）では若者の学校から職業への移行における学校教育の役割について検討し、第2章（番場博之）では職業教育としての高等学校商業教育の可能性と今後の方向性について考察し、第3章（堀有喜衣）では商業科を中心にして高等学校での就職指導について論じている。

　第2部「高等学校と商業教育」では、高等学校という組織における商業教育のありようを教育課程の視点から論じる商業教育論が提示される。第4章（森脇一郎）では戦後のこの分野の研究をたどることで商業教育の課題と到達点を探り、第5章（水島啓進）では高等学校商業教育の中味の検討を通して教育課

程として商業教育がクロスカリキュラムとなり得る可能性を探り、第6章（鈴木庸介）ではこれまで職業教育とされてきた商業教育をジェネリックスキルとする意味や必然性について検討している。

　第3部「高等学校における商業教育」では、現在の高等学校商業教育およびそのなかの各分野の現状と課題を高等学校の現場の視点から論じる商業教育論が提示される。第7章（小林宏）ではアクティブ・ラーニングにおける教科「商業」の可能性について考察し、第8章（江口真平）では教科「商業」におけるマーケティング分野の変遷を確認したうえでその実践における現状と課題を検討し、第9章（佐々木明）では教科「商業」における情報教育について普通教育としての情報教育との違いを示したうえでその意義を論じ、第10章（堀川順也）では検定試験や総合学科で行われている商業教育の実際を検証しながら総合学科での商業教育の可能性を考察している。

　既述のように商業教育は必ずしも高等学校商業科でのみ施されているわけではない。また、総体としての商業科や高等学校商業教育の議論を個別ケースにそのまま落とし込むことは現実的ではなく、個別ケースを積み重ねていく考察も重要となってくるであろう。そして、検定試験にのみ軸足を置かなくとも成立する商業教育の模索のなかで、しかしそれへの一定需要に応えることに追われて「学びへの気づき」の機会が限られているのも現場の現状である。

　そこで本書では、「実践に学ぶ」として各学校で取り組まれてきた実践事例を紹介するとともに、「コラム」として高等学校商業教育の広がりや各方面での商業教育の取り組みなども紹介している。

　なお、本書では最低限の統一として、読者の内容理解の混乱を招かないように以下についてのみ用語・用法を統一している。

　＊「商業科」：高等学校において、商業に関する科目の単位数を学習指導要領における専門学科の専門教育に必要な科目単位数として、それを履修することとしている大学科のことである。その商業科を有する高等学校を「商業高校」という。小学科としての「商業科」を示す場合には、文脈でそれがわかるように記載する。

　＊「商業教育」：学校種別に関わりなく社会教育なども含めて広く商業に関す

る教育を指す。それ以外の使い方をする場合、文脈でそれがわかるように各章の初出などで「高等学校における商業教育」や「商業科での商業教育」などと明記する。

──────────

　高等学校商業教育に関しては、大学等の高等教育機関での研究機会や専門性を高める機会が限られているのが現状である。また、現職の教科「商業」教員の再教育のための仕組みも限定的である。合わせて、教育学部・教員養成学部で教員免許が取得できない教科「商業」では、実務的な実習での経験と教育学的な研究の接点が限られており、教科教育の研究も十分には進んでいない。

　高等学校商業教育をめぐる最大の問題は、この分野に対する社会的関心の低さである。それには、このような制度的・構造的な問題が大きく影響していると考えられる。くしくも、2015 年度より駒澤大学大学院商学研究科内に科目「商業教育論特講」が設置され、2016 年度より大学院教職科目として「教科『商業』専修免許特講」が設置された。今後さらに商業教育の学びの機会が多くの高等教育機関等で提供されるようになれば、現場の教育力向上に資することができるのではないかと考える。また、アカデミックレベルでこの分野への関心が広がることで、高等学校商業教育への社会的な理解が深まるのではないかと考える。

　本書の出版にあたっては、八千代出版の森口恵美子社長ならびに編集部の御堂真志氏に多大なご理解とご協力を頂いた。また、執筆者各位ならびに研究会メンバーの方々にはご理解と示唆に富むご助言や励ましを頂いた。記して感謝申し上げたい。本書の発刊ならびにそれとほぼ同時に開催される第 8 回目の研究会（2018 年 8 月 25 日）をもって、当初予定の通りこの研究会はいったんの区切りをつけることとなるが、この本の上梓がきっかけとなって、高等学校と商業教育についての議論や研究がさらに広がっていくことを願ってやまない。

　2018 年 5 月 14 日

編者を代表して　番場博之

目　　次

序　章

高等学校における職業教育・職業指導と
学習指導要領の改訂

I　はじめに

　学習指導要領が改訂期を迎えている。2017 年 3 月には、高等学校以外の学校種の学習指導要領が改訂され、一部先行実施もあるが、2018 年度から幼稚園、2020 年度から小学校、2021 年度から中学校で全面実施されていくことになる。

　高等学校の学習指導要領[1] については 2018 年 3 月に改訂され、先行実施もあるが 2022 年度から学年進行で実施される。その内容を詳しく説明する「解説」の発表はこれからなので、改訂に伴う各教科の内容についてはそののちに具体的になっていくということになる。

　注意すべきは、新しいこの高等学校学習指導要領のもとで学習した生徒が高等学校を卒業するのは 2025 年 3 月であるから、新旧併用の期間も含めて当面の間は現行の 2009 年改訂の高等学校学習指導要領に基づいた教育がなされるという点である。現行の学習指導要領は、高等学校では 2013 年度から学年進行で適用されているので、そのもとで学んだ卒業生は 2016 年 3 月に高等学校を卒業した生徒がはじめてであって、実は 2009 年改訂学習指導要領はまだようやく適用の中間点という状態なのである。

　本書では、主にこのような過渡期における高等学校の職業教育、とりわけ商業教育を検討していくことになる。そこで、本章は本書を読み進めるためのガイド的な位置づけとなるよう[2]、まずは高等学校における専門学科の仕組み、そのなかの職業学科と商業教育のフレームワークについて解説する。そのうえで、2018 年改訂の新しい高等学校学習指導要領の概略を解説していくとともに、教育政策の転換が特に職業指導にもたらすであろう影響を考察していくこととする。

なお、本章における数的データは特に断りがない限り文部省・文部科学省の「学校基本調査」を用いている[3]。また、「商業教育」は高等学校におけるそれを意味する。

Ⅱ　高等学校における専門学科

(1) 専門学科の類型と地域との関係

　高等学校設置基準において、高等学校における学科は、「普通科（普通教育を主とする学科）」と「専門学科（専門教育を主とする学科）」と「総合学科（普通教育及び専門教育を選択履修を旨として総合的に施す学科）」の３つに分類されている。

　そこでは、大学科（専門教育を主とする類型）としての専門学科として、「農業に関する学科」「工業に関する学科」「商業に関する学科」「水産に関する学科」「家庭に関する学科」「看護に関する学科」「情報に関する学科」「福祉に関する学科」「理数に関する学科」「体育に関する学科」「音楽に関する学科」「美術に関する学科」「外国語に関する学科」「国際関係に関する学科」「その他専門教育を施す学科として適当な規模及び内容があると認められる学科」が示されている。そして、それらを農業科、工業科、商業科などと称しているのである。

　これらの専門学科は、農業・工業・商業などの職業に関する学科と体育や音楽などの特定の普通教科を重点的に学習する学科に区別できる。そして、この大学科の範囲内で小学科（具体的な学科）をそれぞれの高等学校が編成することになる[4]。小学科は、農業科でいえば、「農業」「園芸」「畜産」「食品科学」などの学科であり、工業科でいえば、「機械」「自動車」「電気」「建築」「土木」などの学科であり、商業科でいえば、「商業」「会計」「情報処理」などの学科が典型的である。2018 年度から都立高等学校における小学科の「商業科」「情報処理科」「総合ビジネス科」が「ビジネス科」に統一変更されたが、いずれも大学科は商業科ということである。また、都立の千早高等学校や大田桜台高等学校における「ビジネスコミュニケーション科」も小学科であり、大学科は商業科である。

　専門学科のうちの職業に関する学科いわゆる職業学科は、これまで地域の教

育機関として一定程度地域の労働市場に人材を供給するという役割を担ってきた。地域の労働市場と結びつき、地域の産業等に人材を供給する重要な教育セクターという役割こそが、職業学科の第一義的な役割であり優位性であったのである。

そのなかでも特に地域の特徴を強く反映して、地場産業や地域の経済活動と強固に結びついた特徴的な学科もあった。例えば、リンゴ栽培が盛んな津軽地方の青森県立弘前実業高等学校の「りんご科（大学科は農業科）」や、酒づくりが盛んな越後地方の新潟県立吉川高等学校の「醸造科（大学科は農業科）」、内陸県であるが鮎漁が盛んな地域で淡水魚に関する専門的な学習ができる栃木県立馬頭高等学校の「水産科（大学科は水産科）」、薬売りが有名で薬業が盛んな富山県の富山県立滑川高等学校の「薬業科（大学科は工業科）」のほか、静岡県立天竜林業高等学校の「森林科学科（大学科は農業科）」、高知県立須崎工業高等学校の「造船科（大学科は工業科）」、長崎県立長崎鶴洋高等学校「水産科（大学科は水産科）」、沖縄県立沖縄水産高等学校の「海洋技術科（大学科は水産科）」などは、これまで具体的な各地域の経済や地場産業と結びついて、その学校でしか養成できない人材を地域の労働市場へ送り出してきたのである。しかし、このような特徴ある学科の多くで閉科や統廃合等が進んできた。それはひとえに、地場産業の衰退に原因があるといえよう。

しかし、このような地域との関係は、商業科では少々事情が異なっていた。他の職業学科が直接的に各産業の人材養成を担ってきたのに対して、商業科は地域の商家の後継者あるいは販売従事者の育成とともに各産業の事務作業員等の養成を産業横断的に担ってきたのである。その意味で、商業科は地域の商業に関わる産業と直接的に結びつかないかたちでも各地域で必要とされてきたのである。そのため、商業高校の多くが公立として設立され、現在でもその経緯から市立の商業高校は多い。地域の学校として地域の産業や経済を横断的に人材供給の側面から支えることが商業科を抱える高等学校には期待されていたのである。

(2) 専門学科の仕組み

現行の学習指導要領では、高等学校の卒業に必要な最低単位数は 74 単位で

あり、1 単位時間は 50 分で、35 単位時間の授業を 1 単位としてカウントすることが標準となっている。「総合的な学習の時間」を除いて、普通教育に関する教科には「国語」「地理歴史」「公民」「数学」「理科」「保健体育」「芸術」「外国語」「家庭」「情報」の 10 教科が設定されており、そのなかに 57 科目が設定されている。

専門学科では、普通教科・科目のほかに専門教育に関する教科の科目について 25 単位以上の履修が生徒に義務づけられている。したがって、例えば、教科「商業」による科目単位数を学習指導要領における専門学科の専門教育に必要な単位数としている学科が大学科としての商業科ということになる。

しかし、教育効果を勘案し必要に応じてこの専門教育に関する 25 単位のなかに普通教科等の他の教科の科目の単位を 5 単位まで含めることができることになっている。ただし、商業科では、普通教科等の科目から専門教科の科目に 5 単位まで振り替えられるのは外国語科目のみとなっている。

Ⅲ　高等学校における職業学科と職業指導

(1) 職業学科の構造変化

まずは、学科数の推移を確認しておこう（図表序-1）。高等学校の学科数は全体として減少傾向にあり、おおよそすべての学科で減少が進んでいる。しかし新しい学科である情報科・総合学科は増加傾向を示していることが確認できる。

少子化のため高等学校の生徒数は全体として減少傾向にある。したがって、その構造変動をみるには実数の変化とともに高等学校全体の生徒数に占める各学科の生徒数の構成比の推移をみることが有効である（図表序-2）。

2017 年の高等学校生徒全体に占める普通科の生徒数は 73% であるのに対して、専門学科のうちのいわゆる職業学科（ここでは、農業・工業・商業・水産・家庭・看護・情報・福祉の各学科とする）の生徒数は 18% にすぎない。1980 年代の後半から、普通科の生徒数構成比はおおよそ 70% 台前半で推移していく。それに対して、職業学科のそれは 1960 年代〜 70 年代には 4 割を超えていたのが、1990 年代には 2 割強となり 2010 年代には確実に 2 割を切るようになっていくのである。その一方で、総合学科の生徒数の割合は徐々に増加していき 2017

図表序-1　高等学校における学科数の推移

年	計	学科										
		普通	農業	工業	商業	水産	家庭	看護	情報	福祉	その他	総合
1955	7,426	3,209	1,217	394	875	61	1,615	—	—	—	55	—
1960	8,786	3,958	1,257	644	1,252	64	1,561	—	—	—	50	—
1965	8,669	4,165	923	925	1,356	65	1,166	—	—	—	69	—
1970	8,541	4,110	762	923	1,407	56	992	—	—	—	291	—
1975	8,376	4,249	634	918	1,256	53	873	168	—	—	225	—
1980	8,434	4,601	521	852	1,236	52	773	164	—	—	235	—
1985	8,466	4,772	480	838	1,195	54	702	164	—	—	261	—
1990	8,478	4,814	448	840	1,168	52	637	156	—	—	363	—
1995	8,478	4,816	424	841	1,121	52	537	143	—	—	521	23
2000	8,273	4,706	393	797	1,010	48	430	141	—	—	607	141
2005	8,076	4,569	369	766	881	46	372	99	22	68	606	278
2010	7,479	4,230	341	669	745	44	296	97	25	107	583	342
2017	6,697	3,770	303	531	623	41	274	96	28	97	565	369

注：本科の学科数。
出所：文部科学省（2018c）をもとに作成。

図表序-2　高等学校における学科別生徒数構成比の推移

年	学科										
	普通	農業	工業	商業	水産	家庭	看護	情報	福祉	その他	総合
1955	59.8	7.8	9.2	14.3	0.5	8.2	—	—	—	0.1	—
1960	58.3	6.7	10.0	16.5	0.5	7.8	—	—	—	0.2	—
1965	59.5	5.2	12.3	16.9	0.4	5.5	—	—	—	0.2	—
1970	58.5	5.3	13.4	16.4	0.4	5.2	—	—	—	0.8	—
1975	63.0	4.5	11.8	14.5	0.4	4.5	0.6	—	—	0.7	—
1980	68.2	3.8	10.3	12.5	0.4	3.5	0.6	—	—	0.7	—
1985	72.1	3.0	9.3	11.3	0.3	2.7	0.5	—	—	0.8	—
1990	74.1	2.7	8.7	10.4	0.3	2.4	0.4	—	—	1.1	—
1995	74.2	2.8	8.8	9.5	0.3	1.9	0.5	—	—	1.9	0.1
2000	73.3	2.8	8.8	8.5	0.3	1.7	0.5	—	—	2.5	1.7
2005	72.6	2.7	8.4	7.3	0.3	1.5	0.4	0.1	0.2	2.9	3.8
2010	72.3	2.6	7.9	6.6	0.3	1.3	0.4	0.1	0.3	3.0	5.1
2017	73.0	2.5	7.6	6.0	0.3	1.2	0.4	0.1	0.3	3.2	5.4

注：本科の生徒数。
出所：文部科学省（2018c）をもとに作成。

年では 5.4％となり、商業科の 6.0％とほぼ並ぶ状況である。

　全体の傾向をまとめると、普通科生徒割合の高止まり傾向、職業学科の生徒割合の減少、総合学科生徒割合の増加ということになるのであるが、注意すべきは総合学科においても職業教育がなされているということである。従来型の職業学科での職業教育と総合学科での職業教育の違いを検討する必要性を示唆しているといえよう。

(2) 職業学科と職業指導

　職業安定法（第4条）では、「『職業指導』とは、職業に就こうとする者に対し、実習、講習、指示、助言、情報の提供その他の方法により、その者の能力に適合する職業の選択を容易にさせ、及びその職業に対する適応性を増大させるために行う指導をいう」としている。

　一方、学校現場での「職業指導」とは、時として就業を促すことも含めて、職業に就こうとする学生・生徒に対して教育的に施されるさまざまな支援のことをいう。おおよそ同じような意味で使われることもあるが、「キャリア教育」は進路選択の力や人生のより大きなプランや方向性に関わる教育であり、「進路指導」は就職指導と進学指導の両方を含む概念である。また、高等学校の現場では、「職業指導」とほぼ同義で「就職指導」という用語がよく使われている[5]。

　高等学校の職業教育に関する教員免許（農業、工業、商業、水産、商船、職業指導）取得に際しては、大学において「職業指導」という科目の履修が義務づけられている。それは高等学校におけるこれらの職業に関する教科での教育は就業準備のための教育であって、その専門の教育と就業のための生徒指導としての職業指導が組み合わさることで、教育を通して就職あっせんを行うという特殊日本的な学校と職業を架橋するシステムが機能することが期待されてきたからである。

Ⅳ　商業科と教科「商業」

（1）商業科の現状

　これまで高等学校における商業教育を主として担ってきたのは商業科である。しかし 1970 年に 1407 学科あった商業科であるが、1990 年には 1168 学科となり、2017 年には 623 学科にまで減少している（図表序-1）。また、その生徒数はピーク時には 90 万人近くいたのが、2017 年は 20 万人を切っている。商業科のみを設置する単独校の数は、1996 年に 277 校あったのが 2017 年には 172 校にまで減っている。工業科も同様に 60 万人ほどあった生徒数が 25 万人ほどにまで減少しているし、その単独校も 1996 年の 389 校から 2017 年には 268 校に減っているが、その衰退傾向は商業科に比して相対的に緩やかである。

　商業科の衰退を示すのは学科数の減少や生徒数構成比の低下だけではない。募集定員に対して志願者数が下回る状況が続出しているのである。しかし、それは商業科に限ったことではなく人口減少のなかでのいわば高等学校の全体的な傾向でもあり、そのために各都道府県で高等学校の再編が進む 1 つの理由となってきたのであるが、ここで問題とされるのは以下の 2 点であろう。1 つには、普通科等からあふれ出した需要の受け入れ先として商業科が機能してきた現実が限定的となってきていることである。もう 1 つは、商業科の不人気あるいは定員割れは伝統あるいわゆる名門の商業高校でも起き始めているということである。さらに注目すべきは、地域差等も勘案しなくてはいけないので単純比較は難しいが、むしろ偏差値上位の商業高校において入学者不足が発生しているケースがあることである。これらは、上位の商業科へ進学する学力があれば中下位の普通科等に進学するという選択がなされている可能性を示唆しているのではなかろうか。

　また、2017 年統計でみると、商業科卒業者のうち就職する者の割合は 43% にまで下がっている。その割合は、農業科で 53%、工業科で 68%、水産科で 65% であるから、職業学科であるにもかかわらず商業科では卒業者の就職率が低いという特徴が読み取れる。一方で、上位学校への進学率はこれらの学科のなかでは商業科が高く、過半となっている。

(2) 商業関係科目

　高等学校における商業関係科目（教科「商業」科目）の変遷を確認しておこう（図表序-3）。おおよそ産業構造や経済状況の変化に応じるかたちで、科目数や商業関係科目必履修単位数が変化してきたことがわかる[6]。産業界が即戦力と

図表序-3　商業科における商業関係科目とその必修単位数の変遷

1950（昭和25）年

- ●卒業必要単位数　85
- ●商業関係科目必履修単位数　30（外国語10単位までを含むことができる）

【商業関係科目数　14】
「文書実務」「珠算及び商業計算」「タイプライティング」「速記」「統計調査」「貿易実務」「商業実践」「商業経済」「金融」「経営」「商品」「簿記会計」「法規」「商業外国語」

1956（昭和31）年

- ●卒業必要単位数　85
- ●商業関係科目必履修単位数　30（外国語10単位までを含むことができる）

【商業関係科目数　20】
「商業一般」「商事」「経営」「経済」「商業法規」「商品」「商業簿記」「銀行簿記」「工業簿記」「会計」「計算実務」「文書実務」「和文タイプライティング」「英文タイプライティング」「速記」「商業英語」「統計調査」「商業美術」「商業実践」「貿易実務」

1960（昭和35）年

- ●卒業必要単位数　85
- ●商業関係科目必履修単位数　35（40以上が望ましい。外国語10単位までを含むことができる）

【商業関係科目数　20】
「商業一般」「商事」「経営」「経済」「商業法規」「商品」「商業簿記」「銀行簿記」「工業簿記」「会計」「計算実務」「文書実務」「和文タイプライティング」「英文タイプライティング」「速記」「商業英語」「統計実務」「商業美術」「商業実践」「貿易実務」

1970（昭和45）年

- ●卒業必要単位数　85
- ●商業関係科目必履修単位数　35（外国語10単位までを含むことができる）

【商業関係科目数　36】
「商業一般」「経済」「経営」「商業法規」「簿記会計Ⅰ」「簿記会計Ⅱ」「簿記会計Ⅲ」「工業簿記」「銀行簿記」「機械簿記」「税務会計」「経理実践」「事務」「事務機械」「事務管理」「計算実務」「統計実務」「経営数学」「電子計算機一般」「プログラミングⅠ」「プログラミングⅡ」「和文タイプライティング」「英文タイプライティング」「速記」「秘書実務」「事務実践」「商事」「売買実務」「商品」「市場調査」「広告」「商業美術」「商業英語」「商業英会話」「貿易実務」「貿易実践」

1978（昭和53）年

- ●卒業必要単位数　80
- ●商業関係科目必履修単位数　30（外国語10単位までを含むことができる）

【商業関係科目数　18】
「商業経済Ⅰ」「商業経済Ⅱ」「マーケティング」「商品」「商業法規」「貿易英語」「商業デザイン」「簿記会計Ⅰ」「簿記会計Ⅱ」「工業簿記」「税務会計」「計算事務」「総合実践」「文書事務」「タイプライティング」「情報処理Ⅰ」「情報処理Ⅱ」「経営数学」

1989（平成元）年

- ●卒業必要単位数　80
- ●商業関係科目必履修単位数　30（外国語10単位までを含むことができる）

【商業関係科目数　21】
「流通経済」「計算事務」「商品」「マーケティング」「商業デザイン」「商業経済」「経営」「商業法規」「英語実務」「国際経済」「簿記」「工業簿記」「会計」「税務会計」「情報処理」「文書処理」「プログラミング」「情報管理」「経営情報」「総合実践」「課題研究」

1999（平成11）年

- ●卒業必要単位数　74
- ●商業関係科目必履修単位数　25（外国語5単位までを含むことができる）

【商業関係科目数　17】
「ビジネス基礎」「課題研究」「総合実践」「商品と流通」「商業技術」「マーケティング」「英語実務」「経済活動と法」「国際ビジネス」「簿記」「会計」「原価計算」「会計実務」「情報処理」「ビジネス情報」「文書デザイン」「プログラミング」

2009（平成21）年

- ●卒業必要単位数　74
- ●商業関係科目必履修単位数　25（外国語5単位までを含むことができる）

【商業関係科目数　20】
「ビジネス基礎」「課題研究」「総合実践」「ビジネス実務」「マーケティング」「商品開発」「広告と販売促進」「ビジネス経済」「ビジネス経済応用」「経済活動と法」「簿記」「財務会計Ⅰ」「財務会計Ⅱ」「原価計算」「管理会計」「情報処理」「ビジネス情報」「電子商取引」「プログラミング」「ビジネス情報管理」

2018（平成30）年

- ●卒業必要単位数　74
- ●商業関係科目必履修単位数　25（外国語5単位までを含むことができる）

【商業関係科目　20】
「ビジネス基礎」「課題研究」「総合実践」「ビジネス・コミュニケーション」「マーケティング」「商品開発と流通」「観光ビジネス」「ビジネス・マネジメント」「グローバル経済」「ビジネス法規」「簿記」「財務会計Ⅰ」「財務会計Ⅱ」「原価計算」「管理会計」「情報処理」「ソフトウェア活用」「プログラミング」「ネットワーク活用」「ネットワーク管理」

注：1950年学習指導要領での商業関係科目必履修単位数は、1951年の『学習指導要領一般編（試案）改訂版』によって示されたものである。
出所：番場（2010）124-125ページ、および学習指導要領データベース作成委員会（2014）、文部科学省（2018b）より作成。

なる労働力を短期間で大量に必要とした高度経済成長期にはその科目数は増え、科目はより細分化された。その後、高度経済成長の終焉とともにその科目数は減らされ基礎・基本的なものへと変化していった[7]。

1999 年改訂学習指導要領で、商業科では原則履修科目となる「ビジネス基礎」がはじめて登場する。基礎的な総合科目ではあるが、盛りだくさんの内容になっている。また、2009 年改訂では「ビジネス基礎」と「課題研究」「総合実践」「ビジネス実務」からなる総合的科目分野のほかに、マーケティング分野・ビジネス経済分野・会計分野・ビジネス情報分野の 4 つの科目分野に 16 科目が配置された。しかし、それら科目からは「商業」の名称がすべてなくなった。

今般改訂された新しい高等学校学習指導要領における商業関係科目は、図表序-3 の 20 科目である。その特徴的な変更点は、まずは「観光ビジネス」という科目が新設されたことである。観光をわが国経済の成長分野とする国の政策と連動した対応と考えられる。それ以外のマーケティング科目の内容は、生産者と流通という視点から基本的な学習内容に整理され集約されたように思われる。さらに、「ビジネス実務」を再構成して「ビジネス・コミュニケーション」とした点も特徴といえよう。そして注目すべきは、科目「課題研究」の内容の取扱いに、職業資格の取得については「職業資格に関して探究する学習活動を取り入れるよう留意して指導すること」と記載されたことである。検定が単に目的化することのないように注意喚起していると考えられよう。

商業科では、商業関係科目を 1 年次から学び始め卒業までに 30 単位前後を履修させるケースが多い。一方、総合学科では、1 年次での商業関係科目の履修は限定的で多くは 2 年次からの履修となる。総合学科の場合には、科目選択が前提のため生徒によって商業関係科目の履修状況は大きく異なっており、また学校ごとの違いも大きいため、その科目の履修に関する一般的な傾向を示すことは難しい。そのほか、就職率の高い高等学校を中心に就業準備を主目的として普通科でも商業関係科目は導入されているし、また他の職業学科でも多くの場合で消費や販売を意識してそれが多数導入されている。

Ⅴ　学習指導要領の改訂と高等学校の教育課程の変化

(1) 学習指導要領改訂の方向性

　2018 年改訂の新しい高等学校学習指導要領では、「何を学ぶか」に加え、「何ができるようになるか」という質保証と「どのように学ぶか（主体的・対話的で深い学び）」という学習過程の改善の必要性が示されている。これまで「何を学ぶか」が中心で社会との関連性が薄いといわれてきた教育課程から、「何ができるようになるか」「どのように学ぶか」を示した「社会に開かれた教育課程[8]」を目指しているということができよう。

　高等学校卒業者のうち現役で大学等へ進学するものが過半となっているなかで[9]、大学入試に起因した知識の蓄積と再現性に重点を置いたこれまでの高等学校の教育課程や授業形態を改善し、義務教育段階で育成された「生きる力」や「確かな学力」を後期中等段階で発展・向上させ、高等教育段階での主体的な能動的学修（アクティブ・ラーニング）に繋げる試みであるといえる[10]。

　このような方向性は、2006 年の教育基本法改正に端を発し、2008 年改訂の学校教育法等の一部を改正する法律に盛り込まれた。さらに教育再生実行会議による 2013 年の「高等学校教育と大学教育との接続・大学入学者選別の在り方について（第四次提言）」に引き継がれ、続いて「高大接続改革答申[11]」、そして 2016 年の「指導要領改訂答申[12]」に示されることとなった。

　このような方向性のなかで、これまでの大学入試対策に主眼を置いた「知識伝達型」の授業から、「主体的・対話的で深い学び」とされる学習者中心の授業への転換を目指し、大学入試改革と関連づけながら、高等学校の教育課程および授業は改善を図ることになるであろう。

(2) 新しい高等学校学習指導要領

　新しい高等学校学習指導要領では、従来型の学力からの脱却と新しい時代に必要となる資質・能力の育成を目指し、時代に合った「生きる力」を学力の 3 要素に基づいて継承発展させ、持続可能な社会づくりに向けた多様性や協働、知識・技能の活用が重要とされている。

各教科・科目の変化としては、理科と数学の考え方を組み合わせて課題解決を目指す各学科に共通する新しい教科として「理数」が設置され、これまでの「総合的な学習の時間」は議論や課題解決を強調した「総合的な探究の時間」へと変更になった[13]。また、特徴的な変化のある教科は、教科「国語」と教科「地理歴史」、「公民」である。

　教科「国語」では、今まで共通必履修科目であった「国語総合」を「現代の国語」と「言語文化」の2つに分けて必履修科目とし、「現代の国語」は実社会・実生活を意識し、根拠をもって議論と対話を行い、お互いの立場や意見を認めながら集団としての結論をまとめるなど、地域社会での協働を想定した科目設定となった。一方、「言語文化」は上代から近現代につながる日本語文化への理解を深める科目とされ、日本語文化というオリジナルな言語文化を継承するという側面が強調された。

　教科「地理歴史」では、選択必履修科目であった「世界史A・B」が廃止され、地理科目が必履修科目に復活することになった。具体的には、共通必履修科目として「歴史総合」と「地理総合」が新設され、選択履修科目として「日本史探究」「世界史探究」「地理探究」が設置された。新設の「地理総合」は防災と持続可能な社会づくりを目指し、現代の地理的な諸課題を考察する科目とされ、「歴史総合」は世界とそのなかにおける日本について、現代的な諸課題の形成に関わる近現代の歴史を考察する科目とされた。

　教科「公民」では、新たに必履修科目として「公共」が新設され、選択履修科目「現代社会」が廃止されることとなった。科目「公共」は、グローバリゼーションが進む国際社会において主体的に生きる国家および社会の有為な形成者の育成を目的とし、「公共的な空間における基本原理」を学ばせるとしている。

　職業に関わる教科では、産業界で求められる人材育成のため教科「工業」で「船舶工学」、教科「商業」では既述の「観光ビジネス」、教科「家庭」で「総合調理実習」、教科「情報」においては「情報セキュリティ」と「メディアとサービス」という科目が新設された[14]。

Ⅵ　教育政策転換の職業指導への影響

(1)「基礎診断」の導入

　アクティブ・ラーニングの積極的導入に典型的にみられるような学習者主体の教育への政策の転換という一連の流れのなかに、今回の学習指導要領の改訂も組み込まれていると考えられる。では、そのような政策転換に伴って、高等学校の職業指導はどのような影響を受けるのであろうか。また、それは高校生の進路選択にどのような影響を与えるのであろうか。まず、大学入試の改革をみてみよう。

　既述の「高大接続改革答申」によって、センター試験廃止が打ち出され、大学入学共通テストが 2020 年から実施される予定である。これと平行して、「基礎診断[15]」（高校生のための学びの基礎診断）も新しい学習指導要実施に合わせ導入が検討されている。「基礎診断」導入のねらいは、高校生に求められる基礎学力の確実な習得と学習意欲の喚起を目的に民間の試験等を認定し、その認定の仕組みの創設と高等学校での活用を促進することである。

　試行段階での対象教科は、国語、数学、英語など学科に共通する普通教科の科目のみであるため、いわゆる職業に関する教科では、全国商業高等学校協会等の各協会や日本商工会議所等が主催する検定試験が測定ツールとして認定される公算が高い。そのため、職業指導ではどのようなキャリアを指向するかだけでなく、どの測定ツールを用いるかも含めて指導する必要がある。また、「基礎診断」の結果の副次的な利用についてはさらに検討を行うものとされた[16]。

(2) 職業指導の変化

　「基礎診断」の考え方では、先述の各協会等が主催する検定試験も、現在英語 4 技能測定で用いられている CEFR（Common European Framework of Reference for Languages）のような共通枠組みに組み込まれ、難易度での比較がされることとなろう。

　この「基礎診断」という仕組みは、公的な質保証がされた測定ツールの開発

を促すものであり、職業に関する教科においては、専門科目の学習によって身につく能力を測る測定ツールの開発を促すものといえる。そのため、職業学科という教育機関は「何ができるか」という有用性を社会に対して示す仕組みになるといえるのである。

最後に、進学用調査書の書式変更に対応した「JAPAN e-Portfolio[17]」等の試行導入に触れておこう。これは高等学校で生徒が何を学んできたかを主体的に自ら管理する試みである。生徒自身が自己の学びを記録し、それをもとに教員と当該生徒が興味や関心、さらには学習行動まで広い範囲の情報を共有しようとするものである。

このような「基礎診断」や「JAPAN e-Portfolio」等の導入により、職業指導は学習歴や学習活動の主体性を軸にした指導へとシフトしていくと考えられる。

【注】
1) 2018 年改訂の高等学校学習指導要領の内容については、文部科学省（2018b）による。それ以外の学習指導要領の内容については、学習指導要領データベース作成委員会（2014）による。
2) もちろん、本章での記述内容が各章等の記述内容を拘束するものではない。それぞれの章等の内容は、各執筆者の責任において論じられるものである。
3) 文部省・文部科学省（各年）。全日制・定時制のみのデータである。
4) 以前は、職業学科のなかに設置される標準的なものとして具体的な小学科が高等学校設置基準および学習指導要領において示されていた。学習指導要領における小学科の変遷については、さしあたり番場（2010）第 2 章を確認されたい。
5) 「職業指導」と「就職指導」の用語の定義については、さしあたり堀（2016）51-52 ページを参照されたい。
6) 詳しくは、番場（2010）第 2 章を参照されたい。
7) 番場（2010）122-123 ページ。
8) 中央教育審議会（2016）19 ページ。
9) 「学校基本調査」における「大学等」とは、「大学の学部・通信教育部・別科、短期大学の本科・通信教育部・別科、高等学校・特別支援学校高等部の専攻科」のことである。また、2017 年度の大学等へのその進学率は 54.7% である。
10) 「生きる力」とは、中央教育審議会（1996）で示された児童・生徒に育むべき理念であり、中央教育審議会（2014）では高等学校教育、大学教育段階で育むべきものとして捉え直している。一方、中央教育審議会（2014）において示された「確かな学力」とは、「生きる力」を学力の側面から捉え「学力の 3 要素（主体性を持って多様な人々と協働して学ぶ態度、思考力・判断力・表現力、知識・技

能）」から構成される。
11）中央教育審議会（2014）。
12）中央教育審議会（2016）。
13）ここで想定される「探究」とは、物事の本質を探って見極めようとする一連の知的営みのことであるとされている〔中央教育審議会（2016）別添資料〕。
14）文部科学省（2018a）。
15）文部科学省（2017）。
16）文部科学省（2017）では、副次的な利用については、高等学校や大学等、企業をはじめとする関係者とさらに検討するとされ、進学と就職の双方において副次的な利用ができるように検討するという含みがもたされた。
17）文部科学省の委託事業である「主体性等分野『主体性等』をより適切に評価する面接や書類審査等教科・科目によらない評価手法の調査研究」。

【参考文献】
学習指導要領データベース作成委員会（2014）「学習指導要領データベース」国立教育政策研究所 HP（http://www.nier.go.jp/）、2018 年 4 月アクセス。
中央教育審議会（1996）「21 世紀を展望した我が国の教育の在り方について（第一次答申）」文部科学省 HP（http://www.mext.go.jp/）、2017 年 8 月アクセス。
中央教育審議会（2014）「新しい時代にふさわしい高大接続の実現に向けた高等学校教育、大学教育、大学入学者選抜の一体的改革について―すべての若者が夢や目標を芽吹かせ、未来に花開かせるために―（答申）」文部科学省 HP（http://www.mext.go.jp/）、2017 年 8 月アクセス。
中央教育審議会（2016）「幼稚園、小学校、中学校、高等学校及び特別支援学校の学習指導要領等の改善及び必要な方策等について（答申）」文部科学省 HP（http://www.mext.go.jp/）、2017 年 7 月アクセス。
番場博之（2010）『職業教育と商業高校―新制高等学校における商業科の変遷と商業教育の変容―』大月書店。
堀有喜衣（2016）『高校就職指導の社会学―「日本型」移行を再考する―』勁草書房。
文部科学省（2017）「『高校生のための学びの基礎診断』実施方針」文部科学省 HP（http://www.mext.go.jp/）、2017 年 9 月アクセス。
文部科学省（2018a）「高等学校学習指導要領の全部を改正する告示等の公示について（通知）」文部科学省 HP（http://www.mext.go.jp/）、2018 年 4 月アクセス。
文部科学省（2018b）「高等学校学習指導要領」文部科学省 HP（http://www.mext.go.jp/）、2018 年 4 月アクセス。
文部科学省（2018c）『文部科学統計要覧』平成 30 年版、ブルーホップス。
文部省・文部科学省（各年）「学校基本調査」政府統計の総合窓口（e-Stat）HP（https://www.e-stat.go.jp/）、2018 年 2 月アクセス。

（番場 博之・水島 啓進）

第 1 部

学校・社会と商業教育

第1章
学校から職業への移行と学校教育

Ⅰ　はじめに

　本章では、若者の学校から職業への移行における学校教育の役割、特に高等学校における職業に関する教育の役割について整理することを通して、日本における学校から職業への移行が抱える課題と解決の方向性を検討する。

　学校から職業への移行とは、学校教育を受けることが生活の中心であった状態から、何らかの職について働くことが生活の中心に移行することを指す。「学校経由の就職」といわれたように、1980年代ごろまでは、「学校卒業後直ちに正社員として働く」というかたちで、日本における学校から職業への移行は円滑に行われてきた。しかしながら、1990年代中葉からフリーターやニートなど学校から職業に円滑に移行できない若者が注目を集め、学校から職業への移行に対する支援の必要性が認識されるようになっている。

　本章では、第1に、国際比較の観点も取り入れ、日本における学校から職業への移行の特殊性と、その特殊性が要因となって生じている問題を整理する。このことを通して、いわゆる「教育の職業的意義」（若者が働くために必要な知識・技能を獲得することに学校教育が役割を果たすこと）が注目を集める背景を明らかにする。第2に、学校から職業への移行における学校教育の重要性を、特に「教育の職業的意義」を高めることと中等教育との関係性を中心に検討する。具体的には、他国に先駆けて「教育の職業的意義」を高める改革を行ってきたアメリカの状況を分析したグラブ（Grubb, W. N.）とラザーソン（Lazerson, M.）の研究における指摘を検討する。第3に、学校から職業への移行における高等学校段階の職業に関する教育の役割を、1990年代以降のアメリカにおける職業に関する教育の展開を踏まえて考察する。

これらの検討を踏まえて、今後求められる若者の学校から職業への移行における高等学校段階の職業に関する教育の重要性と可能性について提言する。

Ⅱ　日本における学校から職業への移行の特殊性

(1) 学校から職業への移行のパターン

　OECD（経済開発協力機構）は、学校を離れる年齢の中央値（15-29 歳の若者の50％が教育制度を離れる年齢）が OECD 平均である 21 歳よりも高いか低いか、15-29 歳の学生の間で働いている者の比率が OECD 平均の 34％よりも高いか低いかによって、OECD 諸国を次の 4 つの集団に分類している[1]。

　第 1 グループは、いわゆる「働きながら年長まで勉強」モデルである。このグループの国は、学校を離れる年齢の中央値が OECD 平均よりも高く、3 分の 1 以上の学生が働きながら教育を受けているという特徴がみられる。具体的には、スウェーデンを除く北欧諸国、オランダ、スロベニアが含まれる。

　第 2 グループは、いわゆる「働きながら勉強」モデルである。このグループの国は、学校を離れる年齢の中央値が OECD 平均よりも低く、3 分の 1 の学生が働いているという特徴がある。具体的には、アングロサクソン諸国（オーストラリア、カナダ、ニュージーランド、イギリス、アメリカ）とスウェーデンが含まれる。

　第 3 グループは、いわゆる「まず勉強、それから仕事」モデルである。このグループには多くの欧州諸国と韓国が含まれ、学校を離れる年齢の中央値は OECD 平均以下であり（ただし韓国・ポーランド・エストニアを除く）、働いている学生は 3 分の 1 未満である。

　第 4 グループは、いわゆる「見習い訓練制度」[2] モデルである。このグループの国では、学校を離れる年齢の中央値が OECD 平均以上であり、3 分の 1 以上の学生が働いている。ドイツ、スイス、オーストリアが含まれる。

　OECD は雇用のパフォーマンス（働いている学生も含む就業率の高さ）を比較し、学習と労働を組み合わせている第 1・2・4 グループで雇用のパフォーマンスが高い一方で、第 3 グループでは、就学も就職も求職しておらず、職業訓練も受けていない若者（NEET：Not in Education, Employment and Training）の割合が高

い[3]と述べている。これらを踏まえて、第3グループの国々に対して、学習と労働を組み合わせる政策の実施を推奨している。

　このような分類を踏まえてOECDは日本は第3グループに入ると推定している[4]。しかしながら、日本は学習と労働が切り離された第3グループでありながら、1980年代までは若者の雇用のパフォーマンスがどの国よりも高かったという特異性があった[5]。その背景には、次に見るように日本の労働社会では学校教育の内容と将来の職業との関連性が問われてこなかったこと（「教育と労働の密接な無関係」[6]）がプラスに作用したという特徴があった。

(2) 日本における学校から職業への移行の特徴

　濱口は、働く人と仕事内容を結びつける方法に着目して働き方の特徴を整理し、「ジョブ型」社会の欧米諸国と比較した際、「メンバーシップ型」社会であることが日本の特徴であるとしている[7]。「ジョブ型」の労働社会では、「仕事内容」が明確に決められ、それに最も合致する人を選定する「必要な時に、必要な資格・能力・経験のある人を、必要な数だけ」採用する欠員補充方式採用が行われる。

　一方メンバーシップ型の労働社会では、「人」を中心に労働の管理が行われる。すなわち、「人」と「仕事内容」の結びつきをできるだけ柔軟にすることが重視され、ある職務に必要な人員が減少しても、別の職務で人員が足りなければ、その職務に移動させて雇用契約が維持される。このことが、日本における雇用管理の特徴である、学校卒業後直ちに正社員として働く新規一括学卒採用と、定年退職まで同じ会社に雇用される終身雇用による長期雇用制度を成り立たせてきた。

　このような特徴をもつ雇用制度を前提とする日本の雇用慣行のなかでは、入職後に個別の企業内で受ける教育・訓練が、職務の遂行に必要な一定の技能を獲得する場となってきた。労働者は、入社時に企業内教育・訓練によって働くために必要な基礎的な能力を身につけるだけではなく、配置転換に伴って必要となる知識・技能を、その都度企業内教育・訓練で獲得してきた。そのため、企業は採用において、「働くために必要な知識・スキルを学校教育を通して身につけてきたか」という成果ではなく、採用後の企業内教育・訓練における訓

練可能性をもっているかを評価してきた。

　このような特徴をもつメンバーシップ型労働社会の影響を受けて、学校教育段階における進路指導を中心とした学校から職業への移行に対する支援は、就職先の斡旋と、よりよい就職につながる学歴の獲得に対する支援に特化されていった。

(3) 日本における学校から職業への移行の変容

　しかしながら、1990 年代に入ると、日本型雇用慣行の変容により、「人材はいるが、人手はいらない」という表現に象徴されるように、働く際に必要となる知識・技能を入職前に獲得することが求められるようになる。このことは、多くの若者が、これらの知識・技能を職場で獲得する機会が得られなくなったことを示唆している[8]。

　このような産業界のニーズに呼応するかのように、経済産業省や文部科学省、厚生労働省などの中央省庁は相次いで、働くために必要な基本的な資質・能力を提唱している。最も代表的なものとして、2006 年に経済産業省が提唱した「社会人基礎力」が挙げられる。「社会人基礎力」の育成では、本格的に仕事を始める前の大学教育を非常に重要な時期として位置づけている[9]。従来、働くことに対する準備が学校教育に期待されてこなかったことを踏まえれば、このことは特筆すべきであろう。

Ⅲ　学校から職業への移行における中等教育の重要性

　近年、学校教育を通して働くために必要なさまざまな知識・技能を若者に獲得させることを志向する「教育の職業的意義」という考え方に対して、批判的検討がなされている[10]。グラブとラザーソンの研究は、その先駆けであり、「教育の職業的意義」だけを追求する教育改革の危うさと、その対処法を示している[11]。

(1)「教育の福音」とヴォケーショナリズム

　グラブとラザーソンは、「教育の福音」（the Education Gospel）という考え

方[12] によって、教育改革の目的が学校から職業への移行支援に特化される状況をヴォケーショナリズム（vocationalism）[13] と呼ぶ。アメリカにおける教育改革の展開を分析・考察し、彼らが導いた指摘を端的にまとめると、「ヴォケーショナリズムの進行は、職業教育の高等教育化を引き起こすが、十分な成果は得られておらず、その原因の一つがハイスクール教育の空洞化にある」ということができる[14]。

　1980年代以降、「教育の福音」は、働くために必要な能力の高度化と、知識・スキルの恒常的刷新に対応するために、職業教育の高等教育化と生涯学習への参加の促進を若者に求め、教育改革が推進されるようになった[15]。このように教育改革だけで経済発展を達成しようとする点を、グラブとラザーソンは1980年代以降の「教育の福音」の問題点としている[16]。すなわち、経済を発展させるためには、教育による人的資本の開発だけではなく、雇用環境の整備や社会福祉制度の充実といったさまざまな施策が必要であるにもかかわらず、「教育改革ですべての問題が解決する」という空気が社会に広がり、事態が単純化されるのである[17]。

　グラブとラザーソンは、ヴォケーショナリズムの最大の弊害が生じている状態を「ハイパー・ヴォケーショナリズム」（Hyper Voc.）と呼ぶ[18]。そのなかでは、若者に特定の仕事をこなすために必要な個別具体的なスキルを身につけさせることが唯一の教育の目的となる。雇用主は現在行っている事業に必要とされる特定のスキルをもった人材だけを雇用しようとする。若者は就きたい仕事に必要なスキルを、できるだけ短期間で（可能な限り労力を使わずに）身につけることに関心をもつ。

　その結果、学校教育を通して長期的な在学と体系的な学習によって若者の職業への移行を支援するというヴォケーショナリズムの枠組み自体が成立しないことになる[19]。

(2) ヴォケーショナリズムの進行による教育の変化

　1980年代以降、「教育の福音」によって、アメリカでは高等教育と（日本の高等学校教育に相当する）後期中等教育のハイスクール教育のそれぞれで、次のような変容がみられるようになったとグラブとラザーソンは指摘する[20]。

高等教育の職業教育化とは、それまでハイスクール教育を中心に行われていた特定の職業に就くための職業教育が、高等教育段階でも行われるようになることを指す。その変化は次のようにして起こった[21]。それまで教養教育（リベラルアーツ）を中心としていた大学に、工学部や農学部・教育学部といった専門職教育を行う学部が創設される。続いて、職業との関連性が強いコースを開設する州立大学が各地につくられる。そして、ハイスクール卒業後に特定の職業に就くために必要な知識・スキルの教育を短期で行うコミュニティカレッジが拡大していく。20世紀以降、これらの教育機関で、働くことへの準備に特化された教育を受ける学生の比率が徐々に高くなり、第二次世界大戦後、学生数の増加とともにその割合は増加していった。

　20世紀の半ば以降、アメリカでは卒業後すぐに就職するか大学等へ進学するかにかかわらず、ハイスクールに通うことが将来に有利になるというヴォケーショナリズムが形成されてきた[22]。ハイスクールに進学する若者が増えたことによって、ハイスクールにおける職業に関する教育は比較的単純な初職レベルのスキル獲得に特化されて、将来働くときに役に立つものとはならなくなった。また、大学進学の拡大を推し進める教育政策が採られたことによって、進学に有利なアカデミックな教育が多くなり、教育課程に占める職業に関する教育の割合は相対的に少なくなっていった。そして、先にみたような職業教育の高等教育化は、大学進学の拡大をさらに進める要因となり、ハイスクールの職業に関する教育は衰退していった。

　このようなハイスクール教育の変化によって、ハイスクールは若者を将来に備えさせることができなくなっていった[23]。具体的には、職業教育が高等教育段階で行われるようになった結果、生徒はハイスクールを「大学等への単なる通過点」と捉えるようになり、在学中に何かに対して努力することをできる限り避けるようになった。その結果、在学中に習得する必要がある学習内容や生活習慣などを身につけられないままにハイスクールを卒業する生徒が増えていった。すなわち、ハイスクールで学ばなければならない学習内容が不明確になり、ハイスクールにおける教育の目的・目標が見失われるというハイスクール教育の空洞化が起きたのである。

　ハイスクール教育の空洞化によって、ハイスクールで身につけなければなら

ないことを身につけないまま卒業する生徒が増えていったことは、高等教育の職業教育化にも負の影響を与えた[24]。具体的には、大学等において、ハイスクールで学ぶべき内容を学び直す補習教育が行われるようになり、その規模が拡大している[25]。このような状況に伴って、より長い期間学校で学ぶことが必要であると考えられ、大学院への進学が増え、大学等での教育も準備教育となる。

しかしながら、最終学歴が上がっても、補習教育が多く学習内容は高度なものではないため、教育を受ける期間が長くなる一方で、それに見合った学習成果を得ることや就職にはつながらない。また、学ぶことに対する意欲も低下しているため、大学等の授業についていけなくなり中途退学を選択する若者も増え、仮に教育課程を修了し卒業しても、働くために必要な知識・技能を身につけることができていない状況も起きている。

このことから、ヴォケーショナリズムが過度に進行した社会では、教育を受ける期間という量的な側面からみると、グラブとラザーソンが指摘する教育・訓練の過剰（教育を受ける期間が必要以上に長くなる状況）が起きている[26]が、学習成果という質的な側面からみると、教育・訓練の不足（学歴に見合った成果が得られない状況）が起きているといえる[27]。

(3) 学校から職業への移行における中等教育の重要性

(2) で見たような職業教育の高等教育化と生涯学習への参画の促進によってもたらされた高等教育とハイスクール教育（中等教育）の変化は、高学歴化が進行しても学歴に見合った成果が得られない状況を生じさせている。

グラブとラザーソンは、その原因はハイスクールにおいて、彼らが「『まっとうな学習』（serious learning）の欠如」と呼ぶ状況[28]が起きていることにあると指摘している[29]。そのため、グラブとラザーソンは、状況の解決には「まっとうな学習」をハイスクール教育に取り戻すことが必要となると指摘し、特に職業をテーマとするカリキュラムの有効性に言及している[30]。

彼らの指摘を踏まえれば、弊害を生じさせずに「教育の職業的意義」を高めるためには、後期中等教育における職業をテーマとするカリキュラムが重要であるといえよう。

Ⅳ　学校から職業への移行における中等教育の役割

Ⅲでみたように、弊害を生じさせずに「教育の職業的意義」を高めるために
は、後期中等教育における職業をテーマとするカリキュラムが重要であるが、
グラブとラザーソンはカリキュラムの具体的な特徴までは言及していない。そ
こで、本節ではアメリカにおける職業に関する教育の連邦施策の展開を踏まえ
て、ハイスクールにおける職業に関する教育の役割の変化を整理する。そのう
えで職業に関する教育の国際的な定義を踏まえて考察し、弊害を生じさせずに
「教育の職業的意義」を高める方策の特徴を明らかにする。

(1) 学校における職業に関する教育の類型

日本では職業に関連する教育は職業教育と呼ばれることが一般的であるが、
国際的な定義では職業に関する教育は、vocational education and training
（VET）[31] と pre-vocational education に分けて定義されている。

両者の定義を比較すると、修了後に熟練資格（労働市場に直接参入できるレベル
の職業資格）を得られるか否かということが、大きな違いとなっているといえる。
すなわち、修了すれば安定的な雇用と収入を確保できる職が得られるレベルの
教育が行われるのか、その前の段階の教育であるのかということが、国際的な
定義では重視されているのである。

特に、ヨーロッパを中心とした、職業資格をもたなければ安定した雇用と収
入を確保することが難しい国では両者の違いが重視され、どちらのレベルの教
育であるのかは重要な論点となる。その背景には、「ジョブ型」の労働社会の
影響があると考えられる。すなわち、あらかじめ規定されている「仕事内容」
に、その「仕事内容」を担当する資格・能力・経験をもっている「人」をあて
はめる「ジョブ型」社会では、「何ができるか」ということを明確に示すこと
（資格をもつこと）が、就労するうえで非常に重要となる。このことから、どの
レベルを達成する教育なのかということ、すなわち、職業に関する教育の到達
目標が設定され、成果が問われるのである。

ユネスコが1997年に示した国際教育分類（ISCED 1997 [32]）は、進路による教

育内容の分類として、general education（普通教育）[33]、pre-vocational educa-tion（職業準備教育）、vocational or technical education（職業教育）の3つに分類している[34]。このうち、vocational or technical education が上記の VET に相当する。本章では、ISCED 1997 から pre-vocational education と vocational or technical education の定義を取り上げ、両者の違いを検討する。

vocational or technical education は、「特定の職業に関する実践的な知識・スキル・コンピテンシーの獲得を目指す教育であり、見習い訓練制度やデュアルシステムのような職場に基礎を置く学習が含まれることが多く、熟練資格を得ることができる」と定義している。すなわち、修了後直ちに労働市場に参入できる「完成教育としての職業教育」であるといえる。

一方、pre-vocational education は「職業の世界へと学習者をいざない、その後の職業・専門教育の準備を行うことを主たる目的とする教育であり、修了しても熟練資格を得ることはできない。なお、カリキュラムに含まれる職業に関する内容が 25% 以下である」と定義している。これらの定義から pre-voca-tional education には、「職業の世界へと学習者をいざなう」要素と、「『完成教育としての職業教育』への準備（上級学校との接続）」要素の2つがあることが看取できる。

以下、本章では VET に相当する vocational or technical education を「完成教育としての職業教育」、pre-vocational education を「準備教育としての職業教育」とし、両者の違いを踏まえて、学校から職業への移行における中等教育の役割を検討する。

(2) アメリカのハイスクールにおける職業教育改革の展開

1980 年代の教育改革によって、アメリカでは、職業に関する教育は低学力者のための教育として位置づけられた。具体的には、職業教育改革に関する補助金の支出を規定する連邦法、第 1 次パーキンス法（「カール. D. パーキンス職業教育法」(Carl. D. Perkins Vocational Education Act, Public Law 98-5249)）の制定と、『危機に立つ国家』以降のハイスクール改革によって、中等後教育[35] への接続を可能とするアカデミックな教育と職業に関する教育を分離し、後者を拡充することで、低学力の生徒の移行を支援する方策（「手に職をつけさせる」職業教育）

が採られた[36]。すなわち、この時期のハイスクールにおける職業に関する教育は、「完成教育としての職業教育」として位置づけられていたといえる。

　しかしながら、上記のような方策は、低学力の生徒を救う手立てとはなりえないと評価され[37]、1990 年代に入ると転換を余儀なくされる。1990 年に成立した連邦法、第 2 次パーキンス法（「カール. D. パーキンス職業・応用技術教育改正法」(Carl. D. Perkins Vocational and Applied Technology Education Act Amendments of 1990 Public Law 101-392)）は、アカデミックな教育と職業に関する教育を統合したカリキュラムの開発と中等後教育との接続の改善を同時に達成するプログラムの実施を重点課題として位置づけ、連邦補助金の支出を規定した。その背景には、質の高い労働者の育成には、少なくとも 2 年以上の中等後教育が必要という認識があったことが窺える[38]。

　このような改革の方向性は、1998 年制定の第 3 次パーキンス法（「カール. D. パーキンス職業・応用技術教育改正法」(Carl. D. Perkins Vocational and Applied Technology Education Act Amendments of 1998 Public Law 105-332)）にも引き継がれ、強化される。同法の制定によって、職業に関する教育の目的は、大学に進学しない低学力者を対象とする「手に職」をつけさせる教育から、学力が平均以下の若者でも、実質的な職業教育の場である中等後教育以上の教育を可能な限り受けることを推奨・支援する教育へと転換された。

　アメリカでは、準学士の学位や準学士相当の資格が取れるコミュニティカレッジやテクニカルカレッジ[39]が、「完成教育としての職業教育」を担う機関となっている。改革が進むなかで、単に進学の機会を保障するだけではなく、若者が職を得るために必要な知識・技能を獲得することの保障が必要であると認識されるようになった。すなわち、機会の保障だけでは最も支援が必要な若者の移行を支援することはできないと認識され、ある程度の結果の保障（学位や職業資格の取得）が到達目標となったのである[40]。具体的には、大学進学準備となるアカデミックなカリキュラムと、「完成教育としての職業教育」の場である中等後教育以降の職業教育・訓練の準備教育となる職業に関する教育カリキュラムを統合したカリキュラムの開発が求められた。

　2000 年代に入ると学習の質の保障が職業教育改革における重点課題として位置づけられるようになる。その背景として、優れた実践が多くみられる中等

後教育に接続するようにハイスクール教育を改革し、中等後教育の修了を保障することが重要課題として認識されたことが指摘できる[41]。このことが、中等後教育で補習教育を受けないレベルの学習をハイスクールで行うという「学習の質の保障」という目標の設定につながっていく[42]。すなわち、ハイスクールにおける職業に関する教育は、中等後教育機関における「完成教育としての職業教育」に接続する「準備教育としての職業教育」として位置づけられるようになったのである。

　具体的なカリキュラムのなかでは、問題解決型のプロジェクト学習を通して、大学進学に必要なアカデミックな知識と、労働市場に参入できるレベルの職業的知識・技能および資質・能力の獲得が目指される。このようなカリキュラムはすべての若者の移行を支援する有効な方策として期待されるようになった[43]。

　このことから、グラブとラザーソンが指摘した（ハイスクール教育固有の目的や目標を達成するための学習である）「まっとうな学習」として、ハイスクールにおける職業に関する教育は、「準備教育としての職業教育」のなかでも、「『完成教育としての職業教育』への準備」としての役割が、アメリカのハイスクールにおける職業に関する教育では期待されているといえる。

V　おわりに

　本章では、「教育の職業的意義」が求められるようになった背景をメンバーシップ型労働社会の影響と関連づけて整理した。学習と労働が切り離された移行パターンであるにもかかわらず、1990 年代まで日本では学校から職業へスムーズに移行できない若者が問題とならなかった背景には、メンバーシップ型の労働社会を背景に形成された「教育と労働の密接な無関係」があった。すなわち、就職後に行われる企業内教育・訓練で働くために必要な知識等が獲得されるため、学校教育における職業に関する教育の成果は厳しく問われなかったということである。このことが、日本（の学校教育）において「完成教育としての職業教育」と「準備教育としての職業教育」の違いを明確に認識する必要がなかった一因であると考えられる。

　しかしながら、周知のように終身雇用制度の変容とともに、従来型の学校か

ら職業へ移行の仕組みはほころびがみえ始め、働くために必要な知識・技術を仕事に就く前に獲得することが求められるようになった。このような変化を踏まえると、日本においても、「完成教育としての職業教育」と「準備教育としての職業教育」の違いを認識して「教育の職業的意義」を高めることが必要になるといえよう。

日本では、これまで「準備教育としての職業教育」は、「技術・家庭科」・「産業社会と人間」等の教科、「総合的な学習の時間」等の学習領域で行われており、特に、1990 年代末のキャリア教育の提唱以降、「職業の世界へ学習者をいざなう」側面は発達してきたといえる。

一方で、（実際に機能しているかは検討の余地はあるものの）高等学校における職業に関する教育は「完成教育としての職業教育」として認識されてきた。また、大学との接続では、普通科目を中心とする基礎学力が評価の対象となっており、一部の推薦入試や AO 入試等を除いて「『完成教育としての職業教育』への準備」の側面が十分に認識・評価されてこなかった。

現在、日本の大学では、高等学校卒業者の減少と入試制度の多様化に伴う学力格差に起因する補習教育の増加[44] や、高等学校と大学における教育のギャップへの不適応に起因する「学業不振」による中途退学の増加が指摘されている[45]。このような状況から、日本においてもヴォケーショナリズムの過度な進行に伴う教育・訓練の質的不足という弊害が生じる可能性があることが示唆されよう。すなわち、日本でも高等学校教育に今まで以上に「まっとうな学習」を取り入れることが必要となるといえる。

本章Ⅳの検討を踏まえれば、「まっとうな学習」として具体的には、「準備教育としての職業教育」のなかでも、「『完成教育としての職業教育』への準備」としての役割が日本の高等学校教育には求められる。アメリカのハイスクールで開発されている具体的なカリキュラムでは、問題解決型のプロジェクト学習を通して、大学進学に必要なアカデミックな知識と、安定的な雇用と賃金を確保できるレベルの職業的知識・技能および資質・能力の獲得が目指されている[46]。このような学習活動は、日本でも高等学校の職業に関する教育のなかで長年にわたり数多くの実践がなされてきた。このことから、日本には弊害を生じさせずに「教育の職業的意義」を高める素地があるといえる。

これまで日本では、「完成教育としての職業教育」と「準備教育としての職業教育」の違いが十分に認識されないまま職業に関する教育およびその振興に関する議論や政策が展開されてきた[47]が、本章で述べたような視点に立って再検討すれば、高等学校における職業に関する教育には新たな可能性が開けるといえよう。そのなかで、日本において求められる「完成教育としての職業教育」および「準備教育としての職業教育」の実像が具体的に検討されると期待できる。

【注】

1) OECD 編（2011）71-95 ページ。
2) 見習い訓練制度では、学校における学習ではなく職場における学習（work-based leaning）が主となる。若者は学校教育終了後、企業等と見習い訓練契約を結び、現場での職業訓練を通して職業資格を獲得する。
3) 同上。
4) ただし、「15-29 歳の働いている若者のデータが欠如しているため、確定的なことは言えないが」としている。
5) 濱口（2013）272 ページ。
6) 同上。
7) 濱口（2013）34-37 ページ。
8) 具体的には、メンバーシップをもたないため企業内教育・訓練を受ける機会が少ない非正規雇用の若者の増加が指摘できる。また、正規雇用の場合であっても、企業内教育・訓練は縮小される傾向にある。
9) 経済産業省（2009）92-103 ページ。
10) 例えば、瀧本（2011）や、山田（2013）が挙げられる。
11) 石嶺（2015）。
12) グラブとラザーソンは、学校教育を通して、働くために必要な知識・スキルを獲得させることで、国家の経済発展、個人の（経済的）成功、社会の改革を達成しようという教育改革に対する期待を、「教育の福音」と呼ぶ。すなわち、子どもたちが教育を受けることによって、子どもたちとその家族だけではなく、社会全体に恩恵がもたらされるという考え方で、この考え方は建国前からアメリカにあったと彼らは述べる〔Grubb/Lazerson（2004）pp. 34-43〕。
13) 広田（2011）や本田（2012）にみられるように日本の先行研究では、vocationalism は「職業教育主義」と訳されているが、本章では石嶺（2017）における次のような指摘を踏まえて、ヴォケーショナリズムと表記する。すなわち、石嶺（2017）は第 1 に、グラブとラザーソンが、職業教育・訓練（vocational education and training）だけではなく、後期中等教育における大学進学準備教育や、高等教育における教養教育も含む学校教育のすべてが、学校から職業への移行支

援に特化されるように変容する状況を、ヴォケーショナリズムと呼んでいることである〔Grubb/Lazerson（2009）〕。第2に、グラブとラザーソンが日本語の「職業」よりも広い意味を含む言葉として、vocation を用いていると窺えることである〔Grubb（2005）〕。具体的には、Grubb はドイツ語の balon（社会や神への帰属意識や責任・貢献という意味合いも含まれる語）に最も近い英語として vocation を用いている〔石嶺（2017）〕。

14）Grubb/Lazerson（2004）.

15）Grubb/Lazerson（2004）pp. 1-2.

16）Grubb/Lazerson（2006）pp. 295-307.

17）Grubb/Lazerson（2004）pp. 261-269.

18）Grubb/Lazerson（2004）pp. 258-260.

19）Grubb/Lazerson（2004）p. 260.

20）Grubb/Lazerson（2004）pp. 29-83.

21）Grubb（2005）.

22）Grubb/Lazerson（2004）pp. 41-43.

23）Grubb/Lazerson（2004）pp. 45-51.

24）Grubb/Lazerson（2004）pp. 203-208.

25）日本リメディアル教育学会（2012）170 ページ。

26）Grubb/Lazerson（2004）pp. 207-208.

27）石嶺（2015）。

28）「生徒がハイスクールにおける学習に関心をもたなくなり、ハイスクール教育固有の目的・目標が失われる状況」を指す。具体的には、学習意欲全般が低下するほか、課外活動への参加などが減ることも挙げられている。

29）Grubb/Lazerson（2004）pp. 45-51.

30）Grubb/Lazerson（2004）pp. 51-55.

31）UNESCO 等は近年は TVET（technical and vocational education and training）という用語を採用している。

32）国際標準教育分類は 2011 年に改定され 2015 年以降の統計データでは ISCED 2011 が用いられている。ISCED 1997 から ISCED 2011 への改定に際して、進路による教育の分類は本文中に示した 3 分類から 2 分類（general education と vocational education）に変更された。ISCED 2011 の分類では本章で取り上げる職業に関する教育の違いが十分に検討できないため、ISCED 1997 の分類を採用した。なお、ISCED 2011 では per-vocational education は general education に統合されている。この変化については稿を改めて検討する。

33）普通教育とは、主として普通教科のより深い理解に導くためにデザインされたものであり、必ずしも上級学校等への進学を志向するものではない。通常、修了者はさらなる訓練なしには特定の職業に就けない。学校での教育（school-based）が主となる。上級学校への進学準備カリキュラムや、日本の高等学校総合学科のように特定の進路を定めないカリキュラムがこのなかに含まれる。

34）各用語の日本語訳は佐々木（2013）に示された ISCED の当該指標の日本語訳

を参照した。なお、佐々木（2013）は general education、per-vocational education、VET（職業教育・訓練）の３つを示しているが、本章では ISCED 1997 を踏まえて vocational or technical education を用いた。

35）アメリカでは、高等教育機関と中等後教育機関の区別が明確ではなく、ここには四年制大学のほか、2〜3 年制のコミュニティカレッジ（詳しくは注34）やテクニカルカレッジ（コミュニティカレッジのなかでも工業分野の教育・訓練を中心とする教育機関）等が含まれる。

36）藤田（1992）。

37）National Commission on Secondary Vocational Education（1984）.

38）谷口（1994）。

39）これらの教育機関では、数週間程度の短期職業訓練から 2〜3 年課程の職業資格取得コースまで多様な形態で職業教育・訓練を受けることが可能である。また、四年制大学との単位互換や編入学等の制度も整備されている。学生の年齢層が幅広く、ハイスクール卒業後の進学先としてだけではなく、転職等に伴って新たな職業資格が必要になった社会人などの学び直しの場としても機能している。

40）石嶺（2017）。

41）Brand（2003）.

42）石嶺（2017）。

43）Harvard University Graduate School of Education（2011）.

44）日本リメディアル教育学会（2012）171-172 ページ。

45）文部科学省（2014）。

46）石嶺（2017）。

47）例外的な改革として、職業教育の活性化方策に関する調査研究会議最終報告（1995）「スペシャリストへの道」が提唱した職業高校から専門高校への転換が挙げられる。当該報告書は、それまで職業高校と呼ばれてきた職業に関する専門教育を主とする高等学校の呼称を専門高校に改め、「高度の専門的な知識・技術を有する人材（スペシャリスト）となるための第 1 段階として、必要とされる専門性の基礎的・基本的な教育に重点を置く」ことを提唱した。しかしながら、このような改革の成果については検討の余地があるといえる。

【参考文献】

石嶺ちづる（2015）「グラブとラザーソンのヴォケーショナリズム論におけるハイスクール教育の変容—ヴォケーショナリズムの進行による教育の変容と弊害を捉える視座の構築—」『教育制度学研究』（日本教育制度学会）22 号。

石嶺ちづる（2017）「1990 年代以降のアメリカのハイスクールにおける職業教育改革の特徴—『新しい 3R's』の明確化とテック・プレップからプログラム・オブ・スタディへの転換—」『産業教育学研究』（日本産業教育学会）47 巻 1 号。

OECD 編（2011）『世界の若者と雇用』明石書店。

経済産業省（2009）『社会人基礎力育成の手引き』。

佐々木英一（2013）「日本の職業教育と職業教育研究の課題」堀内達夫ほか『日本

と世界の職業教育』法律文化社。
職業教育の活性化方策に関する調査研究会議（1995）「スペシャリストへの道」
瀧本哲史（2011）『僕は君たちに武器を配りたい』講談社。
谷口雄治（1994）「米国におけるテクニシャン教育の動向と課題」『産業教育学研究』（日本産業教育学会）24 巻 1 号。
日本リメディアル教育学会（2012）『大学における学習支援への挑戦』ナカニシヤ出版。
濱口桂一郎（2013）『若者と労働』中央公論新社。
広田照幸（2011）「学校の役割を再考する—職業教育主義を越えて—」神野直彦・宮本太郎『自壊社会からの脱却—もう一つの日本の構想—』岩波書店。
藤田晃之（1992）「1980 年代アメリカにおける『教育の卓越性』の実像—ハイスクール生徒のキャリア開発を視点として—」『教育学研究』（日本教育学会）59 巻 2 号。
本田由紀（2012）「欧米諸国と日本の〈教育と労働市場〉」ヒュー・ローダーほか編『グローバル化・社会変動と教育』（広田照幸ほか編訳）東京大学出版会。
文部科学省（2014）「学生の中途退学や休学等の状況について」（http://www.mext.go.jp/）、2018 年 4 月アクセス。
山田昌弘（2013）『なぜ日本は若者に冷酷なのか』東洋経済新報社。
Brand, Besty (2003), *Rigor and Relevance: A New Vision for Career and Technical Education*, American Youth Policy Forum.
Grubb, W. N./Lazerson, M. (2004), *The Education Gospel: The Economic Power of Schooling*, Harvard University Press.
Grubb, W. N. /Lazerson, M. (2006), "The Globalization of Rhetoric and Practice: The Education Gospel and Vocationalism," Lauder, H. et al. eds. *Education, Globalization & Social Change*, Oxford University Press.
Grubb, W. N. (2005), *The Education Gospel: The Economic Power of Schooling Speaker's Series*, University of California, Berkeley Center for Cites and Schools.
Harvard University Graduate School of Education (2011), *Pathways to Prosperity: Meeting the Challenge of Preparing Young Americans for the 21st Century*.
National Commission on Secondary Vocational Education (1984), The Unfinished Agenda-The Role of Vocational Education in the High School.
UNESCO (1997), *International Standard Classification of Education ISCED 1997*. (http://www.unesco.org/education/information/nfsunesco/doc/isced_1997.htm)

（石嶺　ちづる）

第 1 章　学校から職業への移行と学校教育　　*33*

第2章

職業教育と共通教育としての商業教育
―地域の問題を解決する方法でなされる商業教育―

Ⅰ　岐路に立つ商業教育

(1) 労働市場の変化と商業教育

　生産側から消費側へのパワーシフトが進んでいる。従来のような大量生産・大量消費とそれを支えてきた拡大する巨大な消費需要はもう存在しない。人口減少と高齢化の進行による消費市場の縮小と、商品が市場に行き渡ることによる市場の成熟化によって、製造業者は消費者によって選ばれる存在となった。消費者の動向が市場に大きな影響を与えるようになって、消費者に近い産業としての商業とりわけ小売業へのパワーシフトが進んできているのである。なかでも、大規模なそれのチャネルにおける主導力が強化され、市場への影響力が増してきている。

　サッセン（Sassen, S.）は、従来の製造業が主導していた時代には中程度の技能や訓練を備えた労働者への需要が高く、そのことが社会的な格差を縮小させ、企業は長期にわたる昇進経路と OJT（On-the-Job Training、企業内訓練）のメカニズムという内部の労働市場を維持できたとする[1]。この状況は日本の高度経済成長期からの経済発展の時代の就業事情にもあてはまり、その時代には高等学校商業教育は、間接的ではあってもこの中間階層労働者への一部の需要を満たす役割を担っていたと考えられよう。しかし、サッセンは、グローバル化の進む現在の社会では、高度な専門性を持つ高等教育を受けた労働者に対する需要が増す一方で、小売業等での非熟練労働の需要も増しており、後者はより低い熟練しか要求されない状況で中程度の技能や訓練を備えた労働者への需要は縮小しているという[2]。とすれば、これまで高等学校商業教育が担うことを想定してきた労働者層は縮小していることになる。

具体的な日本の事例と照らし合わせてみよう。消費者の本来的な購買行動の属性に応じて、小売業は小規模・個別的・分散的という性質を有する[3]。主として 1970 年代以降に導入が進んだチェーンオペレーションは、仕入れと販売を分離することで販売における小売業の上記性格を維持しながらも仕入れにおける集中的大規模化を可能とし、統合的に管理するシステムである[4]。

　一方で、チェーンオペレーションの展開は、同質的な消費欲求や人なみを求める他人指向型の消費購買行動が支配的であった時代では、規格化され標準化された商品の大量販売に規模の経済性を発揮した[5]。しかし、このような傾向のなかで労働の標準化が進んだのは主に製造段階であって、消費者への販売段階の労働には依然として一定の熟練性が求められた。それが、小売販売技術の進展とりわけ POS（Point of Sale、販売時点情報管理）システムの導入やコンピュータの汎用性の向上等に伴って、販売に関しては非熟練労働で十分なものとなっていった。小売業の現場ではほとんど熟練が求められない労働、すなわちきわめて標準化の進んだ労働に対する需要が主となっていくのである。この傾向は、情報化およびグローバル化の進展で低賃金競争が進むなかでは、またイノベーションによる職能の代替化が進むなかでは、意思決定を伴いにくい事務系の一部分野でも当然に進むこととなる。その結果、就業準備教育としての高等学校商業教育が想定していた労働者像と現実の間でミスマッチが進むこととなるのである。

(2) 選択を迫られる商業教育

　ここに際して高等学校商業教育の問題は、その目的を現状に即して非熟練の労働の供給に資する人材の育成とするのか、それともその教育内容を従来の熟練とは異なる代替性の低い労働者を生み出すものに変化させるべきなのかという点にあると考えられるのである。

　一方で、川下へのパワーシフトのなかで、生産者にも卸売業への販売で完結するのではなく流通チャネル全体への関心がより求められ、それに伴うプロデュース力やブランド力のある商品開発が求められる傾向が強まっている。高等学校商業教育では、それを商業科だけに閉じ込めておくのではなく他の専門学科等でもより積極的に取り入れて、生産から販売までの一連の流れを見通す

意識の醸成が必要であるという議論も生まれてきている。

　そこで本章では、まず高等学校における商業教育の現状を確認する。しかし、本章の課題は高等学校における商業教育の実態解明それ自体にあるわけではない。本章の課題は、高等学校の商業教育の方向性を検討することにある。商業科および高等学校商業教育の変化の解明をよりどころとして、高等学校商業教育の可能性とその優位性について何らかの示唆を導きたいと考えるのである。

　なお、本章での「商業教育」は高等学校における商業教育を意味し、「商業科」は大学科としての商業科であり、数的データは特に断りがない限りすべて文部省・文部科学省の「学校基本調査[6]」を用いている。

II　職業学科と商業教育

(1) 商業教育の変遷と商業科

　第2次世界大戦後の高等学校における商業教育の変遷をみると、そこには大きなターニングポイントが2つあったと考えられる。1つは、高度経済成長が終わり、それに呼応するかたちで産業界の高等学校商業教育への期待が脆弱化していき、商業科生徒数の減少傾向が定着していく1970年代である。つぎのターニングポイントとなったのは、バブル経済崩壊後の1990年代である。就業準備教育のための学科である商業科の卒業者の就職率が5割を切り、高等学校改革のなかで職業学科を含む専門学科の再編が進み、また総合学科等の登場によって従来からの商業科への需要の一定数が総合学科等へと移行していった時期である[7]。

　2010年頃までの高等学校商業教育を取り扱った前著[8]では、この2つのターニングポイントを境にして、それおよびそれを担ってきた商業科の変遷を4つの時期に区分している。第1期は、地域の経済・産業と直接的に結びつき、地域労働市場における人材供給において重要な役割を担っていた高度経済成長期以前である。第2期は、商業労働者のみならず産業横断的に多くの事務労働者を供給し、産業界からみると即戦力となる労働力として商業科卒業者が必要とされた高度経済成長期である。第3期は、高度経済成長の終焉からバブル経済崩壊までの時期である。商業科は、おおよそ序列化された高等学校のなかの底

辺に位置づけられ、不本意入学者が増加していく時期である。第4期は、大学・短期大学・専門学校等が商業科卒業者を積極的に受け入れていったことから始まる、商業科卒業者の進路が多様となっていく時期である。

　しかしその後、高等学校商業教育はそれまでとは違う傾向を示すようになったのではないかと考える。3つめのターニングポイントであり、第5期の始まりにあたるとも考えられる。それは萌芽の段階であってまだ明確ではないのかもしれないが、研究対象の範囲がそれまでと大きく違ってきたことは確認できる。それまでのように、商業科を検討することがおおよそ高等学校商業教育を検討することにはならなくなったということである。少なくともその意味では、ここ10年間ほどはこの分野の研究の大きな転換点になっているといえよう。したがって、今後を見据えた高等学校商業教育の議論をしようとすれば、主として商業科を検討することで高等学校商業教育の実際を解明しようとした前著の研究視点の延長線上での議論は現在ではおおよそ限界にきており、新しい商業教育研究の視点が要求されているといえよう[9]。

(2) 職業学科の構造変化

　商業科は衰退傾向にある。ピーク時には1400を超えていた学科数（全日制・定時制の合計）は、2017年には半減し623にまで減少している。また、生徒数もピーク時には85万人を超えていたのが、2017年には20万人を割る状況となっている。高等学校の生徒全体に占めるその割合も年々確実に減少を続けてピーク時からは10ポイント以上減らし、2017年には6.0％にまでなっている。

　2017年の高等学校生徒全体に占める普通科の生徒数は73.0％であるのに対して、専門学科のうちのいわゆる職業学科（ここでは、農業・工業・商業・水産・家庭・看護・情報・福祉の各学科とする）の生徒数は18.4％、その他の専門学科の生徒数は3.2％、総合学科の生徒数が5.4％である。ここで注意すべきは、高等学校生徒の全体に占めるその生徒数の割合は、普通科では1990年代までは徐々に増加していったが、その後半以降わずかな減少傾向も確認できるがおおよそ変化していないという点である。そして、農業・工業・商業・水産の各学科の1980年代後半以降のその推移をみると、水産は大きな変化はなく、農業科・工業科も低下しているが、商業科で特にその低下幅が大きいのである。

一方で、増加しているのは総合学科とその他の専門学科である。その他の専門学科は 1980 年代後半には 1% 程度であったのが、2017 年には 3.2% となり、総合学科は 1994 年に設置された新しい学科であるが 2017 年には 5.4% にまで伸びている。その他の専門学科は、体育や外国語そして音楽や美術など特定の普通科目を重点的に学習する専門学科である。その他の専門学科の伸びが普通科の微減分を吸収していると考えると、専門学科のうちの職業学科の構成比減少分の多くは総合学科が吸収しているとみてよいであろう。

　しかし、そのことをして職業教育への需要が縮小したという判断にはならない。総合学科は普通教育とともに専門教育（職業教育と職業教育以外）を学ぶことを想定しているからであり、また多くの総合学科において職業教育がなされている現実を考えると、職業教育全体への需要は決して縮小してはいないともいえるのである[10]。しかし、そこでの職業教育は従来型の職業学科でなされる職業教育とは異なるものであって、また学校ごとに量と質の両面において非常に多様な形態でなされている状況から、職業教育への需要が仮に一定程度確認されたからといって従来型の職業学科の必要性あるいはそこでの職業教育の必要性とは直結できないという点は注意すべきであろう。本章の目的との関係でいえば、総合学科が従来は商業科に進学したであろう生徒を結果として引きつける理由があるとすれば何か、という点が課題となる。

(3) 総合学科と商業教育

　総合学科における教育内容は多様である。それは、地域や学校によっても多様であるし、各学校内において多様な選択肢が用意されているという意味での多様性でもある。本章の目的との関係でまず重要なのは、そのような総合学科のうちのどれくらいが商業に関する科目を設置しているのかという点である。ただ、総合学科では 2 年次から系列を目安にしながら生徒は科目選択をすることが多いため、開講の準備がされていても実際には履修者がいない科目が発生する場合もある。しかし、少なくともどれくらいの総合学科が商業教育に関する科目を設置しているかは把握しておきたい。

　そのために、本章では全商協会（全国商業高等学校長協会）の会員校（2014 年度）のなかから総合学科を有する学校数を拾い出すことでその目安とできるのでは

ないかと考えた[11]。

　それは、北海道ブロック（北海道）会員校数 115 のうち 13 校、東北ブロック（青森県・岩手県・宮城県・秋田県・山形県・福島県）会員校数 173 のうち 30 校、関東ブロック（茨城県・栃木県・群馬県・埼玉県・千葉県・山梨県）会員校数 212 のうち 30 校、京神ブロック（東京都・神奈川県）会員校数 75 のうち 15 校、北信越ブロック（新潟県・富山県・石川県・福井県・長野県）会員校数 107 のうち 24 校、東海ブロック（静岡県・愛知県・岐阜県・三重県）会員校数 167 のうち 29 校、近畿ブロック（滋賀県・京都府・大阪府・兵庫県・奈良県・和歌山県）会員校数 146 のうち 24 校、中国ブロック（鳥取県・島根県・岡山県・広島県・山口県）会員校数 130 のうち 19 校、四国ブロック（香川県・徳島県・愛媛県・高知県）会員校数 91 のうち 14 校、九州ブロック（福岡県・佐賀県・長崎県・熊本県・大分県・宮崎県・鹿児島県・沖縄県）会員校数 232 のうち 39 校である。

　全商協会会員校 1448 校（2014 年）のなかで 43％の 616 校が商業科を有する学校であり、16％にあたる 237 校が総合学科を有している学校である[12]。このことから学校単位でみる限り、高等学校商業教育の多くは商業科以外の学科で施されており、総合学科もその一端を担っている現状がわかる。また、教科「商業」教員の一定数は総合学科において商業教育を担っているということになる。

　その一方で、全商協会に属する総合学科は全総合学科 366 学科（2014 年）のうちの 65％にあたり、総合学科の多くで商業に関する教育がなされていることが推測されるのである。現在では、総合学科は商業科とともに商業教育を担う中心的な存在であるということになる[13]。

　2017 年で商業科の生徒数は 19.5 万人、総合学科の生徒数は 17.6 万人である。データの年度差や総合学科では科目履修が選択履修の仕組みであることを勘案すべきではあるが、ここまでの検証から総合学科生徒のうちの最大 11 万人程度が何らかのかたちで商業教育を受けることができると推測できるのである。

（4）総合学科における商業教育

　商業科で実際になされる商業に関する科目の単位数は、専門学科として履修が必要な専門科目（専門教科・科目）単位数である 25 単位を若干上回る 30 単位

前後に設定されることが多い。

　一方、総合学科ではどの程度の量で商業教育がなされているのであろうか。現行の学習指導要領では、高等学校の卒業に必要な単位数は 74 単位であるが、週あたりの標準授業時間単位が 30 単位であるため、74 単位を下限として 90 単位前後までを多くの学校で卒業要件として設定している現状がある。総合学科の教育課程における原則的特徴は、単位制、生徒による選択履修、複数の科目群の設定にある。そして、原則履修科目の「産業社会と人間」(学習指導要領上の扱いは学校設定教科) 以外に 25 単位以上の専門科目を設置することが必要であるが (「産業社会と人間」、情報に関する基礎的科目、「課題研究」を含めて 30 単位以上)、それは科目の設置に関する規程であり、そのうちの何科目の専門科目を生徒が履修するのかはそれぞれ異なるのである。

　総合学科での商業に関する科目の設置状況は非常に多様である。また形式的には、生徒は学習指導要領で定められている普通科目の必履修科目単位数の 31 単位以外は専門科目で揃えても普通科目で揃えてもよい。ただ現実的には、普通教育と専門教育を総合的に施すという総合学科の設置の趣旨から専門科目を生徒がまったく履修しないということは想定しにくい。しかし学校としては、専門科目の履修は限定的で普通科に近い状況の総合学科にすることもできれば、職業学科同様あるいはそれ以上に職業に関する科目を履修できる学科にすることも現実には可能なのである。それは、進学校にも進路多様校にも、そして就業準備のための学校にもできるという意味でもある。

　したがって、総合学科には規範というべきモデルはない。そもそも、多様となるように仕組みがつくられているからである。各設置者あるいは学校ごとに、地域の事情を反映して多様な学校がつくられることを想定しているのである。そのように考えると、総合学科を 1 つのまとまりとして理解するのは非常に困難であって、地域の事情を反映した学校としてそれぞれの学校単位でしか理解できない存在ともいえる。

　一方、商業科の偏差値は総じて低い。偏差値は 1 つの指標であって、そのばらつきは多様性であるので、高い低いがここでの問題ではない。商業科の偏差値が総じて低いことで、中学校で成績の良かった生徒は商業科を進路の選択肢として想定しにくいという意味で、現在の商業科は生徒の多様性を受けとめら

れていないことが問題なのである。

　おおよそ商業科での商業に関する学びは初年次から系統的・統一的傾向が強いのに対して、総合学科ではおおむね2年次からの多様な選択肢のなかの1つとして商業に関する学びが位置づけられている。そのため、それは生徒にとっては進路の決定を先延ばしにできるというモラトリアム的効果ももつ。けだし、学校再編という背景もあるが、結果として広い範囲の生徒をターゲットとできる仕組みであるところに、総合学科への需要が拡大していった1つの要因があると考えられるのである[14]。

Ⅲ　共通教育としての商業教育の可能性

(1) 卒業者の進路との関係

　2017年統計でみると、商業科生徒のうち卒業後すぐに就職する者の割合は43％にまで下がっている。その割合は、農業科で53％、工業科で68％、水産科で65％であるから職業学科のなかでも商業科では卒業者の就職率が特に低いという特徴が読み取れる。一方で、専門学校等を含む上位学校への進学率はこれらの学科のなかでは商業科が高く、過半となっている。とりわけ、商業科においては大学等[15]への進学が27％と高い。その背景には、高学歴化の傾向やとりわけ商学系の大学における受験生の囲い込みなどさまざまな要因があろう[16]。

　2016年度の高等学校卒業者の就職希望率（就職希望者数／卒業者数）[17]は、全体では18％であり、高等学校の卒業後にすぐに就職を希望する人は必ずしも多くはない状況である。教育を通して就職あっせんを行うという、特殊日本的な学校と職業を架橋するシステムの存在により、上記各学科での就職希望率は実際の就職率とほぼ同じになっている。しかし、職業学科の生徒でも就職を希望しない者が少なくないという事実、なかでも商業科の生徒の多くが卒業後すぐの就職をそもそも希望していないという点に注目すべきである。それは、職業学科である商業科に多くの生徒が就職への期待を直接的には求めていないということだからである。

　しかしながら、職業学科としての商業科での学びがその後の上位学校での学

びいわゆるポストセカンダリーでの学びと繋がり、その後にその学びを活かした就業へと繋がっているのであれば、商業科での商業教育は就業準備教育の一部を担っているという理解もできる。例えば、大学学部の社会科学系の学科学生の就職先のうち商業教育に関係性のある産業は65％[18]、職種は83％[19]である状況（2017年）から推測すると、高等学校の商業科卒業生のうちの大学学部進学者はおおよそ社会科学系の学科へ進学しているので、大学卒業時にその多くは商業教育の学びに一定の関連性のある分野に就職している可能性が高い。

　一方、商業科生徒が就職を希望し高等学校卒業後に実際に就職した先はどのような産業および職種なのであろうか。2017年度統計では、工業科生徒の就職先は、産業でみると72％が建設業・製造業であり、職種でみると58％が生産工程系であって、工業科での専門教育内容と結びついている。それに対して商業科は、産業では建設・製造業37％、卸売業・小売業20％、各種のサービス業18％、金融業・保険業4％であって、幅広い産業に散らばっている。しかし、職種でみていくと、事務系34％、生産工程系（製造・加工・修理など）25％、サービス系13％、販売系14％となっている。ある程度の卒業者が各産業での事務・営業に産業横断的に就いており、事務・サービス・販売といった商業科での商業教育の学びと直接的に関係性が深い職種に6割程度が就職していることがわかる。

　しかし、上記の商業教育の学びと関係性の深い職種への高等学校生徒の就職は全体でみても36％、家庭科で67％、総合学科で45％、普通科で43％、農業科で34％と高い。そのほか、水産科で26％、工業科で7％である。商業科以外の生徒のある程度が商業教育の学びと繋がる職種に就職しているのである。労働の標準化が進んできたことによって、これまでのような商業教育がその優位性を担保できなくなってきている、すなわち高等学校で商業に関して学ばなくともそれに関係性が深い分野への就業が一定程度可能となっているということであろう。

　このような卒業者の進路状況をどのように理解することができるのか。1つは、高等学校での商業に関する学びを、ポストセカンダリーを見通したより広い意味での商業に関する教育の基礎的な部分として明確に位置づけ直すことで、その意義の一端が確認できそうである。もう1つは、就業時点でみると高等学

校のどのような学科からも商業に関わる労働に一定程度就いているのであるから、むしろ就業後の継続性や専門性へ繋がるようにどの学科でも一定の商業教育がなされるべきではないのかという視点も考えられそうである。ただし、その教育内容については十分な検討が必要であろう。

（2）商業教育の特徴

　商業に関わるさまざまな職業を想定して、そこで必要とされる基本的な考え方や知識、そして技能や技術に関する教育が高等学校における商業教育である。この商業教育を構成する各科目の教育は、生徒の就業後の職務あるいは業務を想定して施され、学問体系は別として、それぞれの構成教育内容は一定の結びつきはあるが、秩序だったまとまりのある全体となることは想定されていない。

　高等学校商業教育の内容の実際は、各学校の生徒の現実にあわせて就業準備として必要とされる科目をその都度ピックアップしながら部分的に再編成することが想定されているのである。そして、それが学校という公教育の場で、学校ごとに地域の事情を反映した特徴をもって普通教育等と関連・連携しながら成立することが想定されているところに、わが国の高等学校商業教育の本来的な特徴がある。

　このような教育を、これまで主として担ってきたのが商業科であって、そこでは商業教育をある程度まとまった量で施してきた。一方で、この商業教育の本来的な特徴から、またそれが産業横断的な教育であるがゆえに、商業教育は商業科をもたない学校でも、量の違いはあるにせよ、これまでも各学校の事情にあわせて導入されてきた。商業教育は、秩序だったまとまりのある全体となることが想定されていないがゆえに、量的にもまた質的にも各学校の事情に柔軟に対応することが可能であったのである。他方で、検定を軸にしてそれへの対応のために、教育内容を実質的に勝手に編成せざるを得ない状況のなかで、一部では商業教育の本来的な特徴が抑制されてしまってもきた。

（3）商業教育は共通教育となり得るか

　高等学校において、商業教育は職業教育として全生徒が学ぶべきいわば共通の教育になり得るであろうか。既述のような商業教育の特徴から、その量や質

の多様性を担保しつつも、ビジネスツール、企業とその戦略、経済の仕組みやルール、働き方や労働者の義務と権利などといった生産から消費についての就業を想定した学びとしての商業教育は、全生徒が共通して何らかのかたちで学ぶ必要があるのではなかろうか。本章が検討の対象としているのは、高等学校で施される具体的な商業教育のかたちではなく、商業教育がそのような位置づけになり得るポテンシャルを有しているのかという点である。

　企画から生産、そして流通から販売までを考えた場合には他の職業学科でも当然に商業教育は必要であろう。本来、生産者から消費者までの商品の流れは生産者によって担われるべきものである。しかし、商品の販売の煩雑性や特殊性から商業者が登場しそれを専門的に担うことになる。そのため、商業者は商品の生産価格に自分のもうけを上乗せして販売するのではなく、生産価格より安く買って生産価格通りに販売しているとわれわれは理解するのである。一方で、商業者は生産者の販売機能だけではなく消費者の購買代理機能を担うものである。したがって、農業や工業の教育においても消費者の段階までの動向の把握という意味で商業の理解は欠かせない。

　そういう視点でみれば、地産地消ではなく地消地産という考え方も生まれてくるのであって、作ったものを売るだけが商業の役割ではなく、川下からの発信に応じた生産もあろう。商業のもつ情報伝達機能の意味は大きいといえる。そのため、そこに関わる人材には商業に関する知識や考え方は欠かせないのである。それは、職業学科だけにかかわらず、普通科生徒も進学するにせよいずれ就業することを考えれば、必要な知識となる。商業教育はすべての高等学校生徒が何らかのかたちで学ぶべき内容をもつものと考えられるのである。

　共通教育となり得る具体的な科目や内容は今後の課題として、以下では共通教育として商業教育を導入する方向性について考えていこう。

Ⅳ　共通教育としての商業教育の方向性

(1) 共通教育としての商業教育

　共通教育としての商業教育は普通教育ではなく、あくまで職業教育である。職業教育は学校と社会を繋ぐ教育として、そもそもどの教育段階でもどの高等

学校のどの学科でも必要とされる教育である。そのように理解すると、共通教育としての商業教育の位置づけがみえてくる。まず、学科横断的な商業教育は、全生徒に共通して理解し身につけてもらいたい必履修が想定される共通教育としての商業教育ということである。そのうえに、商業科や総合学科では、職業教育である専門教育としての商業教育が上積みとして施されることになる。

　商業教育はすべて職業教育であることを前提に、商業教育の当面の方向性を整理しておこう。共通教育としての商業教育（全学科）、その商業教育をより拡充させるポストセカンダリーでの学びへの継続を想定した商業教育[20]（商業科の一部）、高等学校卒業後に就業することを前提にした商業教育（商業科の一部）、総合学科での他の教育分野とより有機的に連携することが想定される商業教育、各産業に関わる教育に必要な限りで上乗せされる商業教育（各専門学科）である[21]。

(2) 地域の問題を解決する方法でなされる商業教育

　商業教育は、非熟練の労働に対応するものとしてしか機能しないものなのであろうか。高等学校でしかできない、汎用性はあるが代替されにくい優位性のある商業教育とはなにか。本章冒頭での問題提起との関係で考えてみよう。

　それは、一定の需要を得てきた総合学科が「地域の事情を反映した学校」であること、またわが国の商業教育の本来的な特徴が「学校ごとに地域の事情を反映した特徴をもって普通教育等と関連・連携しながら成立することが想定されている」こと、そして高等学校商業教育が最も重要性を担保できていた時期の商業科が「地域の経済・産業と直接的に結びつき、地域労働市場における人材供給において重要な地位を担っていた」ことから、1つの可能性として地域との繋がりを強調した教育であると考えられる。具体的には、「地域の問題を解決する方法でなされる商業教育」である。

　冒頭で述べた商業教育の第5期の始まりにあたるのではないかと考えた最近の変化は、検定というある意味わかりやすい指標への評価やそれを通しての進学希望者への指導強化などといったことではなく、商業教育を施す高等学校が地域の学校としてその学校でしかできない取り組みを、地道にであっても確実に実践してきている事例とその成果に触れる機会が増えたことである。

問題発見からその解決へと繋がる具体的な地域の課題を設定し、他では代替できない取り組みとして実践してきたことに対して社会的な評価が高まってきていると思うのである。しかし、その動きは多くの場合で限られた教員の限られた取り組みの範囲を超えるものではないため、本章の冒頭では、変化の「萌芽」と表現した。

　このような教育では、地域の学校として高等学校の位置する当該地域に生じている、例えば衰退が進む商店街の活性化やまちづくりの問題、あるいは地場産業の販路確保やプロモーションの方法、観光資源の発掘などの具体的な課題に対して、それまでに学んだ商業の専門的知識を活かして、あるいはその課題に取り組むことで商業に関する具体的な知識の定着と発見そして深化を目指して、具体的・実践的に取り組むことが想定される。

　それは、地域の学校において地域の課題を生徒がリアルな問題として理解し発言する機会となる。新しい学習指導要領で強調される生徒の「主体的・対話的で深い学び」のためのアクティブ・ラーニングは単なる教育の方法や技術のことではなく、学びを具体的な課題とリンクさせながら生徒が主体的・協同的に学ぶ教育の考え方である。そして、商業教育はきわめてアクティブ・ラーニングが活かされやすい分野である。そこが確認され、当該学校が地域の欠かせない構成要素として地域の学校となり、地域の問題を解決する方法でなされる商業教育の取り組みが進めば、商業教育は明確な第3のターニングポイントを迎えるのだと考える。

　それは、検定試験に軸足を置かなくとも成立する商業教育であり、具体的な課題を設定して地域に具体的なかたちで貢献する取り組みとしてのアクティブ・ラーニングである。おおよそ特徴的に、総合学科では学科内での分野間の融合を前提とした商業教育が目指されるとすれば、商業科では学科や学校の枠を超えた商業教育が目指され、ともに当該学校が地域の学校となる場合において、その商業教育の優位性が担保されるであろう。

　地域の構成メンバーとして商業科も地域企業も存立し、その関係で築かれた生徒の就職における実績関係は、地域の疲弊によって脆弱化してきた。地域が元気を失い、空洞化し、そこに形成されていた商業科卒業者を必要とする実績関係による労働市場が維持できなくなったとき、商業科は衰退を加速させたの

である[22]。しかし、高等学校の生徒は、おおよそ当該地域の事情に精通した消費者でもあり居住者でもある[23]。そのような生徒が、地域の学校で具体的な地域の課題を学びと融合させながら考えていく、このような商業教育は他によって代替できない教育となろう。

　※本研究は、2017 年度駒澤大学特別研究助成金（個人研究）による研究である。

【注】
1）Sassen（邦訳、2004）232 ページ。
2）同上書、同ページ。
3）番場（2003）22-23 ページ。
4）関根（2008）3 ページ。
5）大野（2015）12 ページ。
6）文部省・文部科学省（各年）。全日制・定時制のみのデータ。
7）番場（2010）144 ページ。
8）同上書。
9）そのような意味では、前著〔番場（2010）〕執筆以降の大きな変化を受けて、その記述内容（特にその時点での将来像など）の修正は必然なされるべきと考える。
10）生徒数が維持されているということだけをもって職業教育への需要が担保されているという結論を導き出すのには注意が必要である。高等学校の一律的な序列化が進んできたなかで職業教育を施す学科がその下位に位置づけられるケースもあり、振り分けの結果として職業学科・総合学科へ入学している生徒が少なくない現状も一部ではあるからである。
11）全国商業高等学校長協会 HP。商業に関する科目が履修可能であっても全商協会の会員となっていない総合学科を有する高等学校もあり得るので、ここでのデータはあくまで 1 つの目安でしかないことには注意が必要である。
12）全商協会会員校名簿（2014 年）では、総合学科を有する高等学校のうちで商業に関する学科を併設しているのはわずか数校で、統合新設などによる過渡期におけるものが多く、2017 年段階では岐阜県立益田清風高等学校と鹿児島県立川薩清修館高等学校の 2 校が確認できた。
13）教科「商業」教員の養成の実際は、商業科での教科「商業」教員の養成が主となっている現状がある。そのため、長きにわたって高等学校商業教育は商業科を中心になされてきた事実もあって、商業科以外での商業教育は体系性に欠けるなどという発想を生んでもいる。また、教科「商業」の教員の多くが商業科出身ということもあって、そして少なくない教員が検定の結果を利用して大学へ入学したという経緯等から、総合学科での教科「商業」教員の一部では検定を中心としたいわば多くの商業科でなされてきた教育をそのまま総合学科でも行おうとする傾向もある。そのため、総合学科で商業の系列やコースを設定していても教科「商業」教員が不足気味であること等と合わせて、他分野との連携のある商業教

育を難しくしているのもまた一部の現実である。現実の商業教育は総合学科はじめ多様な学科でなされている現状に鑑みれば、普通教科同様にさまざまな学校で教えることのできる教科「商業」教員の養成が本来的であろう。

14）総合学科では、その自由度からやり方次第で簿記や情報などの特定の分野に特化して検定を軸とした指導も可能である。また、総合学科の設置は決して順調に推移してきたともいえないし、多様性からくる教育課程のわかりにくさや社会的な認知度の低さなど課題も多い。ここでの議論は、総合学科の優位性を示すことを目的にしているのではなく、商業科以外での商業教育の広がりを確認し、商業教育がいま岐路にあることを確認することを目的としている。

15）「学校基本調査」における「大学等」とは、「大学の学部・通信教育部・別科、短期大学の本科・通信教育部・別科、高等学校・特別支援学校高等部の専攻科」のことである。

16）商業科からの大学等への進学者増加の要因については、さしあたり番場（2010）を参照されたい。

17）文部科学省（2017）。

18）「情報通信業、運輸業・郵便業、卸売業・小売業、金融業・保険業、不動産業・物品賃貸業、宿泊業・飲食サービス業、生活関連サービス業・娯楽業、複合サービス事業、サービス業（他に分類されないもの）」で集計している。

19）「管理的職業従事者、事務従事者、販売従事者、サービス職業従事者」で集計している。

20）これを商業科のなかで行うのか、専門学科として分離独立させるのかは議論が必要である。このような教育の先にある生徒の進路の可能性については、とりあえず番場（2013）を参考にされたい。

21）その教育課程に職業教育を含む総合学科の多様性を考えれば、すべての学科を総合学科とし、各設置者や学校ごとに多様なかたちで教育課程を設定することが最終的には望ましいといえるかもしれない。

22）番場（2013）94-96 ページ。

23）地域の消費者であり居住者であることだけで、他によって代替できない労働者になるわけではない。新は、地域コミュニティの一員でコンビニエンスストアの典型的な消費者である若者が商品発注を行うことで成立しうるコンビニエンスストアは、地域のなかで「消費者＝素人＝不安定就労者」を再生産しているという〔新（2008）213-215 ページ〕。この「消費者＝素人＝不安定就労者」の関係を断ち切り、他によって代替されないものにする教育こそ、地域の学校での地域の問題を解決する方法でなされる商業教育にほかならないであろう。

【参考文献】

新雅史（2008）「コンビニをめぐる〈個性化〉と〈均質化〉の論理―POS システムを手がかりに―」遠藤薫編『ネットメディアと〈コミュニティ〉形成』東京電機大学出版局。

大野哲明（2015）「格差社会と小売業態」大野哲明・佐々木保幸・番場博之編『格

差社会と現代流通』同文舘出版。

Sassen, S.（1998）, *Globalization and Its Discontents*, New Press. 田淵太一・原田太津男・尹春志訳（2004）『グローバル空間の政治経済学―都市・移民・情報化―』岩波書店。

関根孝（2008）「『流通近代化論』再考」『専修商学論集』（専修大学）86。

全国商業高等学校長協会 HP（http://www.zensho.or.jp/pa/）、2007 年 7 月アクセス。

番場博之（2003）『零細小売業の存立構造研究』白桃書房。

番場博之（2010）『職業教育と商業高校―新制高等学校における商業科の変遷と商業教育の変容―』大月書店。

番場博之（2013）「地域の再生と商業高校」小杉礼子・堀有喜衣編『高校・大学の未就職者への支援』勁草書房。

文部省・文部科学省（各年）「学校基本調査」政府統計の窓口（e-Stat）HP（https://www.e-stat.go.jp/）、2018 年 3 月アクセス。

文部科学省（2017）「高等学校卒業（予定）者の就職（内定）状況に関する調査」文部科学省 HP（http://www.mext.go.jp/）、2017 年 7 月アクセス。

（番場 博之）

第3章
商業高校の就職指導

I　問題意識—1990 年代以降の高卒就職の変化と商業高校—

(1) 高卒就職をめぐる背景の変化

　本章の目的は、1990 年代以降の商業高校の就職指導の変容について、実証的なデータに基づき明らかにすることである。

　日本の高校就職指導は、学校から職業への円滑な移行を支える社会的な装置として 1980 年代までは高く評価されてきたが、1990 年代になって機能不全が指摘されるようになった。この背景には、マクロ的な要因による高卒労働市場の変化、および教育政策の転換に伴う大学進学率上昇という 2 つの要素が存在すると考えられてきた。

　「知識社会」では高学歴者に対する需要が拡大し、高卒者のように高等教育に進学しない若者に対する需要が小さくなる傾向にあるとされる。さらにグローバル化に伴う急激な需要の変動に対応するために、日本の労働市場において労働力の非正規化が進んだ。このマクロ的な変化により「高学歴者に対するニーズの増大」「高卒正社員職の非正規化」が起こり、高卒者への需要が縮小した。他方で高等教育政策の変更により大学進学率が上昇し少子化したことによって、1980 年代には 60 万人弱存在した高卒就職者数であったが、現在では 20 万人弱に減少した[1]。高学歴化は結果的に高卒労働者の「質」のばらつきを生じさせ、高卒人材に対する需要をさらに弱めることになった。

　高卒者に対する需要と高卒就職者数という供給の双方が小さくなった結果、大量の求職者と大量の求人を短期間に結び付けるにあたって効率的に機能してきた高校の就職斡旋が困難となり、日本の高校就職指導のありように疑問が呈されるようになったのである。

(2) 先行研究の状況

　分析に先立ち、高校就職指導を規定する高卒就職の仕組みについて説明する。高卒就職においては、生徒は企業と直接には接触せず学校またはハローワークを通じて就職活動を行うのが原則である（図表3-1）。新規高卒者を採用したい企業は大学生のような採用活動をできるわけではなく、求人票を公共職業安定所に提出し確認を受けることになっている。その後公共職業安定所から求人票が返戻され、企業は高校に求人票を提出することができる。高校は職業安定法に基づき職業指導（就職指導）および無料職業紹介を行うこととなっている。

　さらに日本の高卒就職は就職スケジュールを規定する「就職協定」、高校が生徒を企業に学校推薦する「推薦指定校制」、生徒が複数かけもちして受験で

図表 3-1　高卒就職システム

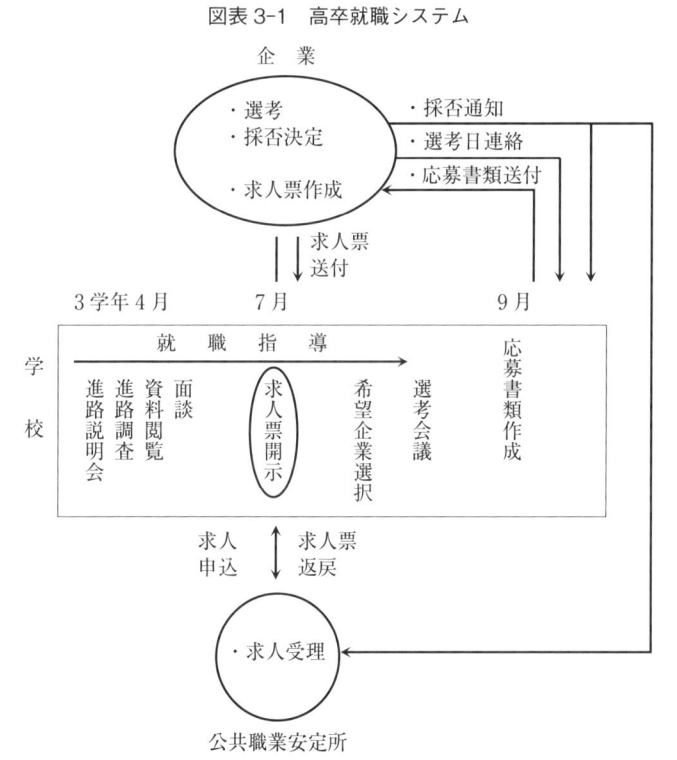

出所：西澤（1998）69 ページ。

きない「一人一社制[2]」、を主な慣行としてきた。こうした枠組みのなかで、1980年代における日本の高校就職指導の効率的なマッチングの前提となったのが、メリトクラティックな選抜（校内選考）に基づく、高校と企業との継続的な信頼関係、いわゆる「実績関係[3]」である。日本独自の就職慣行のもとで日本の高等学校は、主として成績による厳格な校内選考によって企業が求める水準を満たした生徒を選抜し、継続的な関係をもつ企業に送り出すことによって、高等学校から職業への移行を円滑に行ってきたと指摘されている。高卒就職についての先行研究だけでなく労働行政においても、メリトクラティックな就職指導を高等学校が行っていることが高卒就職における基本的な前提となってきた。

　しかし1990年代以降に大きく高卒就職をとりまく環境が変容するなかで、メリトクラティックな高校就職指導の広がりに疑問が呈されるようになる。もっぱらメリトクラティックであることを前提として描き出されてきた高校就職指導像を相対化するため、堀は1980年代に発見され受容されたメリトクラティックな原理に基づく高校就職指導を「80年代型」就職指導と呼び、メリトクラティックな原理に基づく「80年代型」就職指導の割合は2010年には5分の1にすぎなくなっていること、かつ1980年代においてもマジョリティとはいえなかったことを実証データに基づき主張している[4]。

　本章もこの問題認識を共有するものだが、本章の独自性は過去に「80年代型」就職指導の特徴が濃いと考えられてきた商業高校の就職指導[5]の変化に着目する点にある。商業高校の就職は普通高校の就職における「凋落」と比較するなら穏やかな状況を保っており、商業高校の就職指導が特に問題化されたことはない。しかし商業高校が「80年代型」就職指導の典型であるなら、商業高校を対象とすることで日本の高校就職指導の変化が最も鮮明にみえてくる可能性があろう。

　以下では、IIにおいて1990年代に高等学校の就職斡旋機能が低下したことを記述し、IIIにおいて分極化する商業高校の就職指導の布置を描き出す。IVにおいて2010年代後半の就職指導の変化を事例調査によって示し、Vにおいて商業高校の就職指導のこれまでとこれからについて要約したい。

Ⅱ 1990 年代における高等学校の就職斡旋機能の低下

(1) 1980 年代から 2000 年代初頭の就職斡旋機能の低下

　本節では、1990 年代における高等学校の就職斡旋機能の低下について記述する。

　1990 年代に高等学校の就職斡旋機能は弱くなったことは今となっては周知の通りである。ただしすべての学科で弱くなったわけではなく、特に普通科において弱体化したとされる。しかし高校の就職斡旋機能はいわゆるマクロな政府統計では詳細が把握できない。そのため 1 つの例証として、「若者のワークスタイル調査」に基づく類型化の先行研究を参照しよう。「若者のワークスタイル調査」は 2001 年から実施されている東京都の若者に対する無作為抽出による調査である[6]。

　2001 年調査では、高校から仕事への類型化を次のように行った[7]。

　「学校を卒業すると同時に就業したか否か」、「卒業すると同時に就業した者のうち、『学校紹介』による就職か否か」、また「正社員か否か」によって、従来の高校の就職斡旋である「学校紹介・正社員型」に加えて、「学外経由（ハローワーク含む）・正社員型」「学卒非正規雇用型」「就業遅延型」の計 4 つを析出した。2001 年調査においては卒業年度や学科による詳細な分析が加えられている。

　図表 3-2 は学科別の分析であるが、「学校紹介・正社員雇用型」が最も低いのが普通科である。「男性普通科卒」は 21.5％、「男性工業科卒」は 62.8％となっており、「女性普通科卒」は 50.2％、「女性商業科卒」は 67.8％、と学科により差異が生じていた。商業高校の就職斡旋におけるアドバンテージが存在していたことがわかる。

　ただし図表 3-3 によれば、卒業年度が新しいほど「学校紹介・正社員雇用型」は減少していた。サンプルサイズの制約があるため、商業高校のみを取り出すことはできないが、全体として 1990 年代後半になって高校の就職斡旋機能が急激に弱くなったことが読み取れる。

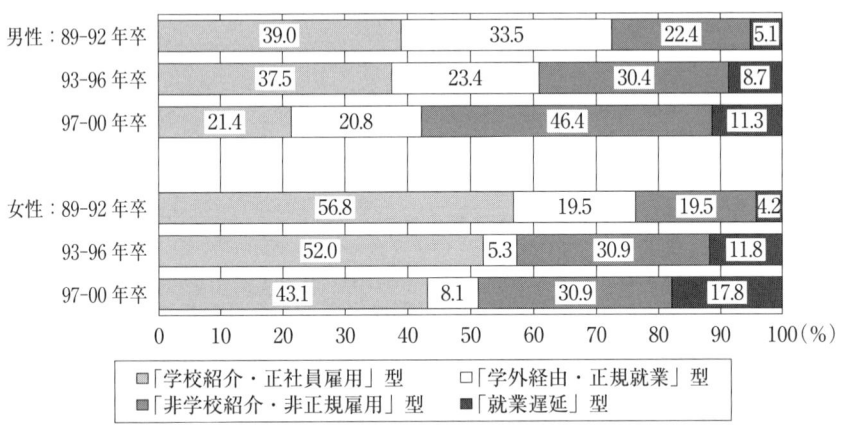

図表 3-2 「高校から仕事への移行」4 類型（学科別）

	「学校紹介・正社員雇用」型	「学外経由・正規就業」型	「非学校紹介・非正規雇用」型	「就業遅延」型
男性：普通科	21.5	28.6	41.2	8.7
工業科	62.8		19.6 / 9.2	8.3
その他	30.1	28.1	35.3	6.5
女性：普通科	50.2	12.1	27.7	10.0
商業科	67.8		10.8 / 13.4	8.0
その他	33.0	18.1	38.3	10.6

出所：中島（2001）143 ページ。

図表 3-3 「高校から仕事への移行」4 類型（卒業年度別）

	「学校紹介・正社員雇用」型	「学外経由・正規就業」型	「非学校紹介・非正規雇用」型	「就業遅延」型
男性：89-92 年卒	39.0	33.5	22.4	5.1
93-96 年卒	37.5	23.4	30.4	8.7
97-00 年卒	21.4	20.8	46.4	11.3
女性：89-92 年卒	56.8	19.5	19.5	4.2
93-96 年卒	52.0	5.3	30.9	11.8
97-00 年卒	43.1	8.1	30.9	17.8

出所：中島（2001）144 ページ。

(2) 近年の就職斡旋機能の状況

　では近年において高校の就職斡旋機能はどのようになっているのだろうか。2016 年の「第 4 回　若者のワークスタイル調査」においても同じ類型で分析を加え、2001 年調査と比較した。なおカッコ内に卒業年を記入したが、調査対象者の年齢層に一部重なりがあることに留意が必要である。2016 年調査に

おいても学科別に分析を行いたかったのだが、高学歴化の影響により高卒者のサンプルサイズが男性120人、女性146人と小さくなってしまったため断念し、2001年調査と2016年調査の対象者の単純比較を行った。

まず男性についてみると（図表3-4）、2001年と2016年で「学校紹介・正社員」型の割合はほぼ拮抗している。減少したのが「学外経由・正社員」型であり、他方で「学卒非正規雇用」型が増加した。2001年調査の「学外経由」の入職経路を詳しくみると「保護者等の紹介」、「新聞・就職情報誌」の割合が高かったが、男性についてはこの15年間で学校外の経路による高卒者の正社員就職割合が減少したということになる。

他方で女性については、2001年調査では「学校紹介・正社員」型が半数を占めていたが、2016年については3分の1にまで減少し、「学卒非正規雇用」型が半数を占めるまでになった。こうしてみると、1990年代半ばまで東京都の高卒者で「学校紹介・正社員」型という経路をたどっていた割合が高かったのは女性高卒者だったのだが、現在では「学卒非正規雇用」型が半数近くを占めるようになっている。すなわち東京都という限定つきではあるが、高校の就職斡旋機能はより女性において弱まったと捉えることができる。

商業高校はもちろん普通高校に比べると格段に就職がよく、また東京都とい

図表3-4 「高校から仕事への移行」4類型（2001年調査と2016年調査との比較）

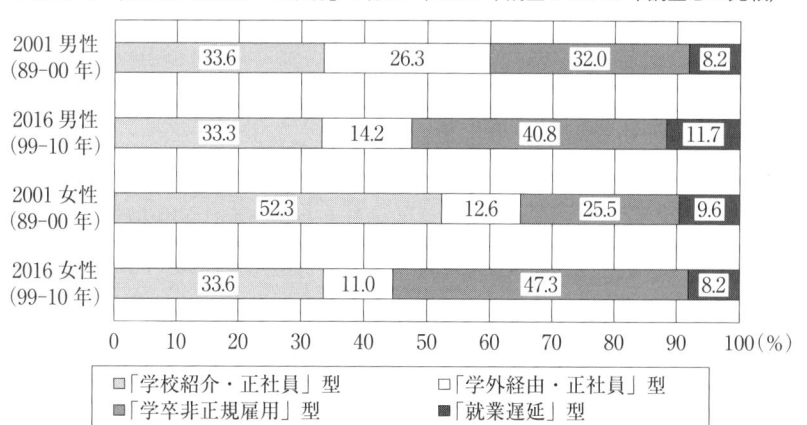

注：カッコ内は高等学校の卒業年。2001年については再掲。
出所：筆者が「第4回　若者のワークスタイル調査」を再分析。

う特異性があるとはいえ、商業高校の女性割合が高いことを鑑みると、商業高校においても就職斡旋機能の低下が生じていると推測することができるだろう。

Ⅲ　分極化する商業高校の就職指導の布置

(1) 全国調査からみる就職指導の布置

　前節では東京都の若者への調査から、高校の就職斡旋機能の低下を確認した。本節では 2010 年の全国の全日制高校に対する無作為抽出調査に基づき、成績による校内選考を行い、質を担保した生徒を企業に送り出す「80 年代型」就職指導の布置について、商業高校に重点を置きつつ描き出す。

　堀によれば、現在の高校就職指導類型は、「生徒の質の担保」（一定の成績や生活態度に達しない生徒は企業に学校推薦しない）、および選抜を伴う「校内選抜」（希望が重なることによって第一希望企業を受験できなくなる生徒はほとんどいない）という校内選考に関わる軸から 4 つの類型によって把握できる[8]。この類型によれば日本の高校就職指導には、従来イメージされてきた「80 年代型」就職指導だけでなく、「準 80 年代型」（質の担保のみ）、「準自由型」（希望が重なった場合のみ校内選考）「自由型」（校内選考なし）が存在していた[9]。

　またそれぞれの就職指導類型は、学科・就職者人数・労働市場環境によって分布が異なっており、「80 年代型」は専門学科・就職者人数が多い・労働市場環境がよい、という条件のもと成立しやすい傾向があった。

(2) 学科別にみる就職指導の布置

　次に学科別にみてみよう。図表 3-5 によれば、現在学科を問わず最も多いのは「自由型」であり、校内選考を基本的に行わないという就職指導が 3 割を占めている。また選抜を伴う校内選考はしないが、一定の成績や生活態度に達しない生徒は企業に学校推薦しないという「準 80 年代型」も 3 割近くを占めている。

　「80 年代型」就職指導が最も多いのは、サンプルサイズが小さいとはいえ総合学科である。総合学科は学校によって位置づけがさまざまであるものの、就職者人数が 5 人以上であるので、過去に専門学科から総合学科に再編されたタ

	80 年代型 就職指導	準 80 年代型 就職指導	準自由型 就職指導	自由型 就職指導	計	N
合計	21.5	28.6	20.5	29.4	100.0	874
普通科単独	19.2	30.5	18.0	32.3	100.0	328
工業系	26.2	31.0	20.8	22.0	100.0	168
商業・情報系	20.6	17.6	29.4	32.4	100.0	68
農業・水産系	21.9	37.5	15.6	25.0	100.0	64
普通科併設	19.4	24.1	25.3	31.2	100.0	170
総合学科	27.9	19.7	19.7	32.8	100.0	61
その他	20.0	60.0	0.0	20.0	100.0	15

注：調査は 2010 年に全国の高校を無作為抽出して実施。
出所：堀（2016）64 ページ。

イプが多く含まれていると推測されるが、これ以上の分析はできない。次に「80 年代型」就職指導の割合が高いのは工業系であり、首肯できる傾向である。

　しかしながら商業・情報系学科は意外なことに「80 年代型」就職指導の割合は高いとはいえない。1980 年代調査の再分析では商業高校の就職指導が最もメリトクラティックな規範を採用していたにもかかわらず[10]、商業・情報系の学科において最も多いのは選抜が緩い「自由型」就職指導であり 32.4％を占めている。次に多いのが「準自由型」就職指導であり、希望が重なった場合のみ校内選考するというタイプであった。

　こうした知見から、「80 年代型」就職指導を維持している商業高校と、選抜規範を緩めている商業高校があり、就職指導が分極化しているのではないかという仮説を引き出すことができる。ではなぜこうした分極化が生じているのか。ここで先の堀の研究から、就職指導類型は学科・就職者人数・労働市場環境によって規定されるという知見を参照するなら、商業高校がおかれた条件が大きく変化したことが「80 年代型」就職指導の分布を変化させたと考えることができる。

　すなわち工業高校と比較して、商業高校の就職先の企業規模や職種は 1980 年代から大きく変化し、企業規模が小さくなり事務職が激減するなど特に狭隘化した（労働市場環境悪化）ため、「80 年代型」の成立要件が揃わなくなった商業高校の増加が商業高校の就職指導類型の分布を変化させたのだと解釈できる

だろう。

　そうだとすると、この調査は 2010 年のリーマンショック直後に行われているので、労働市場環境が再びよくなれば商業高校においても「80 年代型」就職指導が増加するのだろうか。結論を先んじていうと、商業高校における就職者人数が 80 年代のように増加しなければ、「80 年代型」指導が再び広がることは難しいであろうことが推測される。

　「80 年代型」就職指導は求人と求職のどちらもが量的規模を必要とする。商業高校は、単に「就職者割合」が減少するという進路の変化だけではなく、(商業高校だけではないが) 少子化により学校規模が縮小しているため、再び各商業高校の就職者人数が大きく増加することは見込めない。それゆえ、いわゆる就職名門校にのみ「80 年代型」就職指導は残っているものの、それ以外の商業高校においては「80 年代型」ではない就職指導が主流であり、あるいは風間（2007）が東京都のある商業高校の事例から描き出したように、「80 年代型」であっても、相応の高卒無業者が生まれることを前提とした就職指導となっている可能性も指摘される。

Ⅳ　2017 年調査からみえる商業高校の就職指導の実相

(1) 問題意識と事例調査の概要

　本節は最新の状況を把握するため、2017 年の商業高校の事例調査から、現在の商業高校の就職指導の実相を描き出すことを目的とする。事例調査は 1997 年から 10 年ごとに実施されている労働政策研究・研修機構が実施した「高校就職指導インタビュー調査」を 3 時点にわたって活用する[11]。この調査は 1997 年当時、3 つの高卒労働市場類型により析出された 5 地域の高等学校・企業およびハローワークへの事例調査として開始された。20 年に及ぶ調査の間に専門高校の統廃合が進み、なくなってしまった商業高校もある。本章では 1997 年当時からご協力頂いている島根 R 商業高校、埼玉 F 商業高校を事例として取り上げる。どちらも単独商業高校である。

　分析に先立ち、2017 年調査から見出された、普通高校や工業高校と比較した商業高校の就職指導の特徴について述べておく。すべての高校について学校

規模が縮小しており、商業高校も例外ではない。また「80年代型」就職指導にみられるような、高等学校が成績や欠席日数に応じて生徒を企業に割り振る指導は限定的になっている。他の生徒と希望が重ならなければ、例年の基準に達していなくても送り出すようになっているのである。ただし商業高校の特徴として、受験希望が事務職（特に金融）に集中しやすいため、事務職求人は校内選考が必要となる商業高校が多かった。事例では、高校―企業間関係の継続性、および校内選考について特に着目して論じる。

　なお高校―企業間関係、すなわち特定の高等学校が特定の企業に生徒を送るという就職や採用に関する高校と企業との関係、を実証的に測ることは難しく、しばしば教員の認識が指標とされてきた。しかし近年は同じ就職指導担当者が同じ高校において長年指導を継続するケースは減少しており、多くの教員は長期にわたって就職先を把握できる状況ではなくなっている。したがって本章では高校―企業間関係の継続性の指標として、高校の提供資料から就職先をすべて入力し、採用を行った企業が観察期間中に何回採用を行っているかを算出し、継続性を測ることを試みた。

(2) 島根R商業高校

　2010年代に入ってから県内求人が増加するに伴って、県内就職率は2008年の32.8％から2017年の73.3％にまで上昇した。インタビューにおいては、実績企業は県外を中心に減ってきていることが語られている。島根R商業高校はもともと高卒での県外就職が多かったが、近年では地元定着が進んでいる。学校規模の縮小により、生徒数だけでなく教員数も減少した。そのため進路指導室が廃止されたが、不都合なことが出てきたために一時期だけ設置されるようになったという。

　1997年調査から2007年調査にかけて就職者数が半減し、就職率は53.8％から36.7％に減少していた。2017年調査において就職率はややもち直したものの、生徒数の減少が著しく、2007年には145人だった卒業者数は2017年3月卒業者においてはわずか65人になってしまい、就職者数も30人にまで落ち込んだ。図表3-6は企業の採用回数を分析することにより、高校と企業との採用における継続性を検討しようとしたものである。1997年調査の際には採用回数が1

図表 3-6　採用回数別企業比率（期間：8 年）

	1 回	2 回	3 回	4 回	5 回	6 回	7 回	8 回	企業数
1997 年調査	55.9	18.2	10.6	4.3	5.4	2.5	1.9	1.2	517 社
2007 年調査	66.2	16.2	8.3	3.6	1.8	1.8	1.8	0.4	278 社
2017 年調査	71.6	13.7	4.4	6.0	1.1	2.7	0.5	0.0	183 社

回の「単発採用企業」比率は 55.9％であったが、2007 年調査では 66.2％、2017 年調査では 71.6％を占めるようになった。「単発採用企業」の増加は、近年の就職先のほとんどは継続性のない企業であることを意味している。就職先の企業数の減少も著しい。

　校内選考については、成績（定期試験、小テスト、一般常識テストなど）を最も優先しているが、保護者の希望により無理だと思っても送り出すこともある。就職指導担当教員は次のように語っている。「昨年度もあったみたいですけど、（中略）もう親御さんが『どうしても』ということで受験をして、学校のほうも『そこまでの力が（当該生徒に）ないので、多分だめだろう』ということで、とりあえず親御さんが『どうしても』ということで強引に受験をさせてみたんですけど、やっぱりだめだったみたいで。今年も 3 年生でそういうところがあって担任が困っていますけど。親御さんの意向がやっぱり非常に強くなってきたかなという感じですね。」

　以前であれば企業との信頼関係を保つために受験させなかったであろうと思われるが、保護者が強く希望すれば送り出してしまっている[12]。校内選考は成績によって行われているのだが、希望しても基準に達しなければ送り出さないというような、質を担保する校内選考は崩れていることがわかる。2007 年調査によれば校内選考会議において選抜が行われており、生徒が校内選考会議の結果を納得して受け止めているとのことであったので、この 10 年間の変化といってよい。

(3) 埼玉 F 商業高校

　地域の名門商業高校であり、現在でも一定の就職者数を輩出している。それでも図表3-7 によれば、採用の継続性の低さを示す「単発採用企業」（観察期間中に採用回数が 1 回のみの企業）比率をみると、1997 年調査と比較して 2007 年調

図表 3-7　採用回数別企業比率

	1 回	2 回	3 回	4 回	5 回	6 回	7 回	8 回	9 回	10 回	11 回	12 回以上	企業数	期間
1997 年調査	43.2	17.3	8.5	7.4	4.6	3.6	3.2	3.7	2.6	2.1	1.2	2.5	971	15 年
2007 年調査	58.1	19.2	9.1	5.2	3.4	2.5	0.8	0.6	0.5	0.6	0.2	0.0	651	11 年
2017 年調査	61.4	16.7	8.3	4.5	3.0	1.2	1.3	1.7	0.5	0.8	0.7	0.0	604	11 年

査では継続性が低くなっていたが、2017 年調査では大きな変化はなかった。地域の労働市場環境の良さはあるとしても、2007 年調査から 2017 年調査にかけて就職者人数があまり減少していないことが、2007 年調査から 2017 年調査までの高校—企業間関係の安定に寄与しているものと推測される。

　ただし就職指導における語りには変化がみられた。典型的な「80 年代型」就職指導、すなわち成績による校内選考により生徒を就職先に配分することを理念とする指導は維持されつつも、「80 年代型」就職指導の枠組みからはみ出す現象が多く語られた。過去には生徒から希望があっても高校からみて企業の求める水準に達しない場合には推薦しないものであったが、2017 年調査においては希望が重ならなければ校内選考せずに送り出すのが通例となっていた。また金融系の求人については生徒の希望が集中するため校内選考で選抜が行われていたが、成績のみを指標とした選抜ではなく、企業の求める人材像を加味するという姿勢が明確に打ち出されるようになっていた。

　希望が重ならなければ選抜せずに生徒を送り出す、選抜が必要になっても成績のみを重視した選抜規範が強調されない、という選抜に関わる進路指導理念の変化は、埼玉 F 商業高校においても生じていたのである。

(4) 長期間の事例調査からみえてくる商業高校の就職指導の変化

　以上の 2 つの事例からみえてくるのは、成績による校内選考を建前としながらも、メリトクラシーを貫けない状況がいくつかの局面で生じており、結果として過去に商業高校で主流であった厳密な校内選考が影を潜めているということである。商業高校においてメリトクラティックな校内選考が弱まった要因として、第 1 に事例にみるような保護者へのアカウンタビリティであり、第 2 に商業高校生に求められる人材像の変化による学業成績への信頼性の低下、第 3

に早期離職への懸念、を挙げることができる。

　第1の点については商業高校に限らないが、保護者へのアカウンタビリティに高等学校はきわめて敏感になっている。大学への推薦であればあらかじめ書類に求められる平均評定が記されているが、企業の採用の場合は過去の経験値でしかなく、かつ採用基準は景気動向によって揺れ動くものである。もちろんこうした問題は以前から存在していたものの、過去の高校就職指導は保護者が校内選考の結果を受け入れることを前提にできたが、現在はそうした前提を置くことはできなくなっている。現代の高校は校内選考の基準に満たなくても、保護者が強く主張すれば譲らざるを得なくなっているのであり、商業高校もその例外ではない。

　さらに採用における、高等学校と企業との継続的な信頼関係の形成が弱くなっているため、水準に達しない生徒を送って企業の信頼を失う可能性があることを懸念するよりも、生徒が希望すれば送り出すという姿勢に結びつきやすいことも推測できよう。

　第2の点については、商業高校生に求められる人材像の指標として学業成績が不十分になってきていることを示唆しているものと解釈できる。例えば商業高校において人気のある金融系の事務職、特に就職先として重要な地銀では金融商品の販売が重要な仕事になってきていることから、対人能力を強く求めるようになっている。かつての事務職の場合には成績を指標とすれば入社後の優秀さが保証される確率は高かったと思われるが、対人能力を求められる仕事の割合が増加したことが、商業高校の成績による厳密な校内選考へのインセンティヴを弱める要因になっていると解釈される。

　さらに厳密な校内選考で就職先に割り振った場合、生徒が離職しやすいという懸念が強くもたれている。近年では企業も高卒者に対して定着を期待しており、離職は送り出す先の企業に不満をもたれやすい。定着を進めるためには、高校就職指導も厳密な校内選考よりは本人の希望の就職先に送り出そうとすることになる。

V　商業高校のこれまでとこれから

　本章の検討を要約したい。商業高校の就職指導は今日においても「80年代型」就職指導を一部の高校に残しているものの、多くの商業高校において就職指導の「自由」度が進んだと捉えられる。ただし2010年代後半の近年になって、早期離職の懸念を含めた商業高校生に求められる人材像の変化（対人能力が重要となる職種の増加）、第2に保護者への説明責任によって、一部の商業高校において維持されてきた「80年代型」就職指導にも改変が図られつつあった。

　第1の点については、職業教育であれば産業構造の変化を受けて人材像が変化するのは当然のことであると考えられる。例えば番場は1970年代から産業界が求める人材像と商業高校において養成される人材像が乖離していったプロセスをダイナミックに描き出している[13]。この乖離は1970年代からおおむね継続しているとされてきたが、2010年代後半になって、高校と労働市場との調整機能を果たす就職指導において変化の萌芽がみえてきたとも受け止められるだろう。ただし生徒の応募先の選抜における柔軟性が高まったことは、厳しい校内選考という商業高校の就職指導の特徴を失わせていくことになっていた。

　第2の点については、保護者のプレッシャーは結果的に校内選考を緩める方向に作用していた。上述したような成績という指標の有効性の低下や早期離職への懸念とあいまって、今後も校内選考における振り分けや選抜は弱まっていくものと思われる。

　さらに各校の就職者人数が減少し、高校就職指導が少ない求人と少ない求職者を結びつける装置となったため、生徒一人ひとりの就職に手をかけられる余裕ができたことも、「80年代型」就職指導の減少に結びついていくことが予想される。

　以上のように商業高校の事例調査からは、「80年代型」就職指導の成立要件である、学科・就職者人数・労働市場環境のうち、商業高校という学科独自の影響が弱まりつつあることがみえてくる。この3つの変数は互いに絡み合っているものだが、今後も商業高校という学科の特徴は薄まっていくのかどうかはさらに10年後の調査を待たなくてはならないだろう。また少子化により高校

再編が進み、商業高校だけではなく他の学科においても学科という変数が就職指導に及ぼす特徴は弱まることが予想される。

　これまでメリトクラシーに貫かれた「80年代型」就職指導は日本人の成功体験として記憶されてきた。しかし今後は「歴史の産物」として捉えられるようになるのかもしれない。ただし「80年代型」就職指導の前提である、学校が就職斡旋を行う仕組みや、「一人一社制」等の慣行の継続については不透明さを増していることもあわせて考えることが肝要である。

【注】

1) 文部科学省「学校基本調査」各年度。
2) 現在では地域の申し合わせとして運用されているため、地域によって複数応募が可能となる時期が異なっている。
3) 苅谷（1991）。
4) 堀（2016）。
5) 1980年代の高校就職指導を再分析したところ、商業高校が最も選抜的な指導をしていた。堀（2016）94ページを参照。
6) 調査については、労働政策研究・研修機構（2017）。
7) 中島（2001）。ここでの商業科は商業高校とほぼ同義である。
8) 堀（2016）。
9) それぞれ他の特徴としては次のようである〔堀（2016）73ページ〕。「80年代型」（学校推薦に基準があり、希望が重なり第1希望を受験できない生徒がいる）は労働条件が望ましくない求人は生徒に紹介せず、求人開拓を熱心に行い、地元企業との交流を心がけ、第1次内定率を上げることを目標にしている。「準80年代型」（学校推薦に基準があるが、希望が重なって校内選抜を行われることはあまりない）は進学に力を入れている。優先順位をつけて就職先を紹介しており、労働条件が望ましくない求人は生徒に紹介せず、第1次内定率を上げることを目標にしている。「準自由型」（学校推薦に基準はないが、希望が重なった場合には校内で選考が行われることが多い）は労働条件による求人票の選択をしていないが、求人開拓は熱心に行っており、第1次内定率を上げることを目標とはしている。「自由型」（学校推薦に基準はなく、校内選抜も行わない）は進学に力を入れており、地元との交流や第1次内定率にはこだわっていない。労働条件にこだわらずに生徒に求人票を提示している。
10) 堀（2016）99ページを参照。
11) 調査の詳細は労働政策研究・研修機構近刊を参照。
12) 保護者のプレッシャーにより基準に達しなくても送り出す例は、2017年調査で多数語られた。
13) 番場（2010）。

【参考文献】

苅谷剛彦（1991）『学校・職業・選抜の社会学―高卒就職の日本的メカニズム―』
　東京大学出版会。

風間愛里（2007）「望見商の歴史的位相―90年代以降の労働市場と接続関係の変
　化―」酒井朗編『進学支援の教育臨床社会学―商業高校におけるアクションリ
　サーチ―』勁草書房。

中島史明（2001）「高校から仕事への移行形態の多様化―1990年代における高校の
　職業紹介によらない就職増加傾向の分析―」日本労働研究機構『大都市の若者の
　就業行動と意識―広がるフリーター経験と共感―』調査研究報告書、No. 146。

西澤弘（1998）「高卒就職システムと就職先決定プロセス」日本労働研究機構『新
　規高卒労働市場の変化と職業への移行の支援』No. 114。

番場博之（2010）『職業教育と商業高校―新制高等学校における商業科の変遷と商
　業教育の変容―』大月書店。

堀有喜衣（2016）『高校就職指導の社会学―「日本型」移行を再考する―』勁草書
　房。

堀有喜衣（近刊）「『実績関係』と校内選考・一人一社制の変化」労働政策研究・研
　修機構『「日本的高卒就職システム」の現在―1997年・2007年・2017年の事例
　調査から―』労働政策研究報告書。

労働政策研究・研修機構（2017）『大都市の若者の就業行動と意識の分化―「第4
　回　若者のワークスタイル調査」から―』労働政策研究報告書、No. 199。

労働政策研究・研修機構（近刊）『「日本的高卒就職システム」の現在―1997年・
　2007年・2017年の事例調査から―』労働政策研究報告書。

（堀　有喜衣）

コラム1
キャリア支援を意識した商業教育について—総合学科の事例より—

テーマ背景

　2015年6月に都立専門高校改編基本計画検討委員会が発表した報告書〔東京都教育委員会（2015）『都立専門高校改編基本計画検討委員会報告書』〕では、特に商業高校において不本意入学をしている割合が多いこと、商業高校の学びと関連のない進学を希望している割合が多いこと、就職先において「事務従事者」の割合が低下していることが指摘され、これらを商業高校の魅力不足の根拠としている。

　この指摘について、総合学科にこれまで約10年勤務した経験から、教科「商業」の指導を通してどのようなキャリア支援ができるのかを検討することが、都立商業高校の魅力を高める出発点になるのではないかと感じている。

　ここでいうキャリア支援とは、職業や仕事に対する興味や関心を高めることや、学習で得た成果を仕事でどう活用できるのかという気づきを促すことに寄与する支援の総称とする。

キャリア支援と商業科目

　総合学科の多くは、2年次より、自己の興味・関心や進路実現に必要な科目などのなかから、自ら主体的に選択し学ぶ仕組みを取っている。筆者がこれまで勤務した高等学校では、入学前から履修希望科目が明確である生徒がいる一方で、入学後も履修科目を選べず担任や保護者等から勧められた通りに履修する生徒や、自分探しを目的に相互の関連性が低い科目を選ぶ生徒も少なからず見受けられた。

　そこで、選択科目である「簿記」の授業に適応できない生徒に対するキャリア支援の事例について紹介したい。

　生徒Aは、企業経営に興味・関心を持っていたことから保護者や担任からの勧めにより、2年次で「簿記」を選択し履修した。ところが7月を迎えた頃から学習内容につまずき、他の履修者と理解度の差が広がる状況となった。困った生徒Aは、この頃から相談に来るようになった。面談のたびにとにかく話を聞き励ましの言葉をかけることや、学習内容について個別指導等を行うなどサポートを続けた。その結果生徒Aは最後まで諦めず学習に取り組み、単位を無事に修得することができた。しかし、企業経営と関連性が高い「簿記」に苦労したことや簿記検定に合格できなかったことに対して、年度末になっても無力感を払拭できない状況が続いていた。

　そこで、学習での課題ではなく成果について焦点を当てる振り返りが有効と考え、なぜ最後まで諦めず学習に取り組めたのか、この授業から得た学びは何かという2点について、振り返りを行うことを提案した。冒頭では、簿記検定3級

に合格できなかったことに焦点が当たり苦しい思い出ばかりが出てくると訴えていたが、得た学びについて焦点を当てれば、企業の取引の流れについて知ることができたことや、財務諸表を分析する力が企業経営に重要であることが理解できよかったという肯定的な話が出るようになった。さらに、中学時代まで学んだ経験がまったくなかった「簿記」を学んだことで、自己の視野が広がるきっかけとなったと語っていた。この事例は、「簿記」の学習内容と企業活動との繋がりについて理解が深まったことで、「簿記」の学習が将来に役立つ学びとしてキャリア形成の一助となった事例であると考えている。

　次の事例は選択科目を選ぶ場面において、教科「商業」の授業を履修する動機に不安を持つ生徒 B に対する支援である。

　将来美容師を希望している生徒 B より、自己の進路にふさわしい科目がわからず困っているという相談を受けた。教科「商業」の教員という立場から、例えば教科「商業」では、美容室で求められる接客技術やパソコンを仕事で活用できるスキルが身につく可能性があるというアドバイスを行った。その後、アドバイスを参考に、選択科目として設置されている「ビジネス実務」や「情報処理」などの商業科目の履修を考えたが、例年これら科目の履修者の多くが、就職希望者や商業系の上級学校への進学希望者であることから、自分のような動機で商業科目を履修することが不安だという相談を受けた。この相談に対して、将来につながる興味・関心があるなら動機を気にせず履修するよう声をかけ、最終的に生徒 B はこれらの科目を履修した。卒業後生徒 B が、「ビジネス実務」や「情報処理」で学んだことが美容師の仕事で大いに役立っていることや、どのような進路でも最終的には仕事に就くことを考えると、誰にでも勧められる科目であり将来につながる授業であると語っていた。この事例では、「ビジネス実務」や「情報処理」の授業で得た教科「商業」の学びが、美容師というキャリア支援の一助になったと捉えている。

　総合学科において教科「商業」の科目を履修する動機は、就職や商業系の上級学校への進学対策に有効と考える生徒が多く、当初履修者のほとんどが検定試験取得を目標にしていた。しかし実際に学習を進める過程で、職業や仕事について興味・関心が高まる生徒や、社会に出ることに対して意欲を示す生徒が散見され、この生徒の変容が教科「商業」の魅力と捉えている。この変容を教科「商業」の指導を通したキャリア支援として捉え、筆者が実際に経験した 2 つの事例を紹介した。

都立商業高校の魅力向上に向けて

　総合学科は、第 14 期中教審答申〔文部省（1991）『新しい時代に対応する教育の諸制度の改革について』〕において、生涯学習の視点から提言された学科である。また商業高校は、「職業高校」から「専門高校」へと呼称が見直された。呼称見直しの背景は、職業教育が高等学校で完結するものではなく、卒業後も生

涯にわたり職業能力の向上に努めることが重要であるという視点がある。前述の生涯学習は、家庭・学校・職場・地域社会で行われるすべての学習を指すため、生涯にわたる職業能力の向上とは対象や性質の相違点があるが、両者は生涯にわたり学び続ける人を育てるという点では共通している。そして、これらの育成にはキャリア支援の視点が不可欠であると考えられる。

都立商業高校の魅力を高めるためには、商業高校の学びと関連のある進学希望者や「事務従事者」の就職割合を増やす指導の方策を考えることが確かに必要であるが、同時に「柔軟な専門性」〔本田由紀（2009）『教育の職業的意義—若者、学校、社会をつなぐ—』筑摩書房〕のように、教科「商業」の学習成果を隣接する分野やより広い分野に応用、発展、展開してゆくことを目指した指導もこれから必要ではないかと考えている。

商業高校が、教科「商業」の科目から広い分野へ応用、発展することが可能な教育を提供可能な場であることが認知されれば、普通科高校にはない魅力の創出につながるのではないのだろうか。

（桜井　伸一）

第2部

高等学校と商業教育

第 4 章

高等学校商業教育の研究と実践の現状と課題の分析
—戦後出版された書籍を通じて—

Ⅰ　は じ め に

　1990 年代後半から高等学校商業科の規模の縮小が急激に進んでいる。商業・工業・農業の各学科について 1970 年度と 2017 年度の高校生に占める在籍生徒数の割合を示したものが図表 4-1 であるが、この数字をみるだけでも商業科の減少率が 10.4 ポイントと他学科に比べて突出していることがわかる。

　ではなぜ、商業科の規模の縮小が突出しているのであろうか。その理由として、1990 年代初頭のバブル経済崩壊に伴う経済不況と、その後の社会構造や高卒労働市場の環境変化のなかで、商業科の社会的有用性が低下したことが考えられる。さらに、これまでしばしば指摘されているように、工業科や農業科には「ものづくり」があるけれども高校商業教育（高等学校商業教育）には「ものづくり」がない。そのため、職業教育としての高校商業教育が本質的にもっている弱点——どのような職業人を育てようとしているのかわかりにくく、ものづくりがないために授業では「検定試験の他にすることがない」という問題——が顕在化してきた結果とも考えられる。この他にもさまざまな要因が考えられるが、今日における商業科の規模の縮小が「商業科の衰退」を示してい

図表 4-1　在籍生徒数構成比の変化

	商業科	工業科	農業科	普通科	総合学科
1970 年度	16.4%	13.4%	5.3%	58.5%	—
2017 年度	6.0%	7.6%	2.5%	73.0%	5.4%
増減（ポイント）	− 10.4	− 5.8	− 2.8	+ 14.5	+ 5.4

出所：「学校基本調査」から筆者作成。

るということについては衆目の一致するところではないだろうか。

　ところで、高校工業教育（高等学校工業教育）と高校商業教育には「ものづくり」の有無のほかに、教育学的研究の蓄積にも大きな違いがある。つまり、高校工業教育に関する研究は、技術教育研究としても比較的まとまったかたちで行われているけれども、高校商業教育については、職業教育としての意義や教育課程論・教育方法論などの授業、学力に関わる教育学的研究がこれまでほとんどなされてこなかったということである。商業科の規模の縮小や低迷に、この教育学的研究の蓄積の問題が関係しているとすれば、それがきわめてわずかなものであっても、過去に行われた高校商業教育に関する研究と教育実践を整理しておく必要があるのではないだろうか。

　そのような問題意識に基づき、本章では、そもそも高校商業教育の研究が学問として成立しているのかという点に立ち返って検討を行う。さらに、戦後出版された高校商業教育に関する書籍を整理することを通じて、この分野の研究がきわめて少ないことを確認する。また、現状の「検定試験のほかにすることがない」と批判される授業のあり方を見直していく際に、多くの示唆を与えると思われる2つの優れた教育実践の事例を提示し、最後に、なぜ高校商業教育に関する研究は少ないのか考察を加える。

Ⅱ　高校商業教育の研究は学問として成立しているか

　高校商業教育の研究は学問として成立しているのであろうか。もし、成立しているとすれば、この分野に関する書籍が大量に出版されていてよいはずである。このような素朴な疑問を感じていたとき、1900年前後にフランスやアメリカ、イギリスで始動した社会学について、科学が学問として制度化（Institutionalization）する過程に着目した新堀の論考に出会った。

　新堀によると、科学がはじめて学問として成立するには3つの側面があり、次に示す3条件が整うことが必要であるとした[1]。第1は、その学問が大学のなかに公的な足場をもち、例えば講義題目、講座、学科がつくられ、専門の教授や学生ができること。第2は、専門研究者集団が出現し、学会を組織すること。第3は、定期的にその学問の成果を公表する公的機関（大会など）をもち

専門雑誌を発行すること。つまり、学会によって大会が開催され定期的に機関誌が発行されることを通じて、既存の知識に新しい知識を追加する仕組みができている[2] ことである。

　果たして、高校商業教育に関する研究は、学問の制度化に不可欠なこれらの条件をどれだけ満たすことができるだろうか。ここでは、この3条件にあてはめて高校商業教育に関する研究の現状を検討したい。

(1) 大学における授業の実施状況

　大学における高校商業教育に関する科目は、高等学校教諭一種免許状「商業」を取得する場合の必修科目として、教育職員免許法施行規則に定められた「教育課程及び指導法に関する科目」のなかの「各教科の指導法」として「商業科教育法」や「商業科指導法」という名称（以下、「商業科教育法」という）で開講されている。

　2016年4月1日時点で高等学校「商業」の教員免許が取得できる大学は、国立大学27校、公立大学12校、私立大学136校の合計175校[3] で、単純に計算すると延人数で175名の商業科教育法担当者が存在することになる。参考までに中学校「社会」・高等学校「地理歴史」「公民」の教員免許が取得可能な大学を集計してみると、国立大学63校、公立大学25校、私立大学253校の合計341校であり、これに比べると「商業」の教員免許が取得できる大学は約半数にすぎないけれども、高等学校在籍者に占める商業科生徒の割合が6.0%（2017年度）であることを勘案すると、その数は決して少ない数字ではない。つまり、この数字からいえることは、大学における高校商業教育に関する講義題目は、少なくない大学で開講されているということである。

　次に、大学に高校商業教育に関する講座や学科が設けられているか、その実態についてみてみたい。戦前にあっては、中等段階の商業学校が全国各地に設けられていたが、その教員を養成する商業教員養成課程が現在の一橋大学の前身である高等商業学校に1899年に設けられ、後の東京商科大学を経て1949年の学制改革で一橋大学に改組されるまで同校に設けられていた。これが戦前の商業教員養成課程[4] の代表である。一方、戦後は開放制の教員養成が原則となり、商業科教員養成の中心は経済学部・経営学部・商学部等に設けられた教職

課程が担うことになった。

　ところで、学制改革による新制高等学校発足直後に遡ると、商業科の教員不足の問題はかなり深刻であったようである。その様子が『商業教育八十周年記念誌』（全国商業高等学校協会、1965 年）に次のように述べられている。「昭和 27 年度には、商業科目担当教員数は、本務教員が公私立合計で、全日制 3,662 人、定時制 803 人、計 4,465 人、兼務教員が全日制 1,263 人、定時制 802 人、計 2,065 人、総計 6,530 人であった。すなわち、これを同年度の商業科の学科数および生徒数と比較すれば、本務かつ専任担当の商業科教員は、平均して 1 学科あたり全日制 5 人、定時制 3 人であり、また、全日制は生徒 69 人に対してひとり、定時制は生徒 88 人に対してひとりの割合となっている[5]。」このような状況を受け、全国商業高校校長会（全国商業高等学校校長会）から文部省に対して国立大学に商業教員養成課程を設置する要望が頻繁に出され、中央教育審議会においても 1953 年 7 月、計画的な商業教員養成の必要性を建議した。その結果、同年に小樽商科大学商学部、翌 1954 年には和歌山大学経済学部と山口大学経済学部に定員 10〜25 名程度の商業教員養成課程が設置された。その後、和歌山大学は 2000 年 3 月、小樽商科大学は 2004 年 3 月、山口大学は 2014 年 3 月に同課程を廃止したが、つい最近までこれら 3 大学の学部内に商業教員養成課程が存在していたのである。

　このように、大学の授業として商業科教育法が開講されていること、さらに、戦前から最近まで中等段階の商業教員を養成する講座が設けられていたことなどから、「大学のなかに公的な足場をもっていること」という第 1 の条件を一応は満たしているといってよいであろう。しかし、大学での講義題目である商業科教育法の授業内容が、「学問」とはいわないまでも、教育課程論や教育方法論の知見を踏まえた内容になり得ているかは大いに疑問のあるところである。なぜならば、現在でも商業科教育法を専任で担当している（高校商業教育を専門に研究している）教員はきわめて少数だからである。また、次節で示す「戦後出版された高校商業教育に関する書籍一覧」の「商業教育」分野の著者に教育学を専門とする研究者がほとんど存在しないことからも、この傾向を読み取ることができるであろう。

(2) 学会および研究会の存在

　次に学会についてみることにする。高校商業教育に関係する学会ならびに研究会は、歴史の古い順に 1969 年発足の商教協（全国商業教育研究協議会）と 1989 年発足の日本商業教育学会がある。

　1969 年に発足した商教協は、現場の商業科教員が結成した研究会で、1980 年代半ばまで一定の成果を残している。これについては後で詳しく述べるが、従来から「簿記・そろばん」という呼称に象徴される実用主義的で、しかも特殊な知識・技能の教授とされやすい高校商業教育の教育内容を、社会科学としての商業教育として再編成することにより、商業科目の学習を通じて「科学」と「実務」の結合による新たな教育的可能性を追究する視点を示したことである。

　一方、1989 年に発足した日本商業教育学会は、会員のおおむね 80％を現職の高校教員が占め、歴代会長 7 名のうち 5 名が文部科学省（文部省）の教科調査官を務めた人物が就任している学会である。さらにいえば、1990 年 3 月発行の会報第 1 号で学会の主要メンバーをみると、会長が雲英道夫氏（教科調査官から専修大学教授）、副会長 4 名は山田不二雄氏（教科調査官から大妻女子大学教授）、河合昭三氏（教科調査官から朝日大学教授）、釜江侃氏（県立神戸商業高等学校校長）、三原詰章夫氏（県立広島商業高等学校校長から広島工業大学付属広島情報専門学校校長）というように、教科調査官から大学教員へ転身した人や校長経験者が中心となってつくられた学会であるといえる。この学会は日本学術会議協力学術研究団体の指定を受けているわけではなく、毎年開催される全国大会では必ず現職の教科調査官が 1 時間の講演を行い、教育行政の動向を伝達するようになっている。このことからもわかるように、この学会の性格を端的に表現すれば、全国商業高校校長会や全商協会（全国商業高等学校協会）の延長線上に位置づけられるものであるといえる。

　このように、高校商業教育に関する学会や研究会が確かに存在することから、第 2 の条件である「専門研究者集団が出現し、学会を組織すること」についても一応は条件を満たしているようにみえる。しかし、商教協も日本商業教育学会も閉じた組織内で活動している傾向は否めない。次に、この点について述べることにする。

(3) 学会による専門雑誌ないしは機関誌の発行

最後に、第3の要件である「専門雑誌ないしは機関誌の発行」[6] についてみることにする。

商教協は設立当初から 2002 年 2 月まで『国民のための商業教育』という機関誌名で第 61 号まで発行し、2003 年からは名称を『全国商業教育研究協議会年報』に変更して今日に至っている。一方、日本商業教育学会は 1991 年 3 月に機関誌『商業教育論集』創刊号を発行し、現在まで年 1 回のペースで発行が続いている。この状況をみる限り、新堀が提起した「定期的に機関誌が発行されることを通じて、既存の知識に新しい知識を追加する仕組みができている」とみることができる。ところが、日本商業教育学会の機関誌は容易に入手することができないという大きな問題がある。つまり、全国の大学図書館や公的図書館のどこを探しても第 1 号から最新号までそろっている所がないのである。この学会の事務局を置く千葉商科大学図書館に、わずかに第 20 号（2010 年）〜27 号（2017 年）の 8 冊が所蔵されていることは確認できたが、それ以前の第 1号〜第 19 号は国会図書館（国立国会図書館）にも蔵書がない[7]。本稿を執筆するにあたり、創刊号から最新号まで一通り目を通して吟味する必要があったのであるが、ついに入手することができなかった。このように、定期的に機関誌の発行は行われているけれども、それは閉じた組織内で流布しているものであり、研究成果を広く社会に公表し、「既存の知識に新しい知識を追加する仕組みができている」とはいえない状況である。

一方、商教協は設立当初から今日まで、発行済み機関誌のすべてを国会図書館に所蔵しており、研究成果を社会一般に公開しているといえる。しかし、近年の同研究会の参加者はきわめて少数のようであり、本研究会も日本商業教育学会と同様、閉じた組織内での活動であるといえよう。

以上、新堀が提起した、科学が学問として制度化する際に必要な 3 つの条件に照らし合わせて検討してきた。ここまで述べてきたことを総合すると、高校商業教育に関する研究は、外見的な制度は整っているようにみえるけれども、その内実をみると「学問」としての成立条件を満たしているとするには不十分である、と結論づけられるのではないだろうか。

Ⅲ　書籍にみる高校商業教育の研究と教育実践

　次に、戦後出版された高校商業教育に関する書籍を整理・検討することを通じて、この分野の研究の現状を確認したい。

　戦後出版された高校商業教育に関する書籍の一覧[8]が図表 4-2 である。「歴史」「商業教育」に分類したものは、タイトルに「商業教育」「商業科教育」等の言葉を含み公刊されたものである。なお、ここで取り上げた「歴史」「商業教育」の 29 冊は、筆者の価値判断で選別抽出したものではなく、戦後出版された主要な高校商業教育に関する書籍のすべてを列挙している。これ以外にも、タイトルに「商業高校」という言葉を含むものとして、酒井朗編『進学支援の教育臨床社会学：商業高校におけるアクションリサーチ』(勁草書房、2007 年)があるが、この書籍は教育臨床社会学の立場から商業高校で学習支援のボランティアを行った記録であるため、今回の検討資料から除外した。一方、「教育

図表 4-2　戦後出版された高校商業教育に関する書籍一覧

区分	No.	著者・編者	書籍名	出版社	出版年
歴史	1	森川治人	明治期における商業教育の教育課程の形成と展開	雄松堂出版	2004
	2	三好信浩	日本商業教育成立史の研究：日本商業の近代化と教育	風間書房	1985
商業教育	1	椎谷福男	商業教育を学ぶ	野島出版	2015
	2	番場博之	職業教育と商業高校：新制高等学校における商業科の変遷と商業教育の変容	大月書店	2010
	3	日本商業教育学会	教職必修最新商業科教育法	実教出版	2006
	4	吉野弘一	商業科教育法：21 世紀のビジネス教育	実教出版	2002
	5	笈川達男	商業教育の歩み：現状の課題と展望	実教出版	2001
	6	雲英道夫	テキストブック：商業科教育法	多賀出版	1993
	7	石井栄一・大橋信定・岡田修二・沢田利夫	現代商業教育論	税務経理協会	1991
	8	河合昭三・岡田修二・雲英道夫・山田不二雄	新商業教育論	多賀出版	1991

	9	雲英道夫著	商業教育を論ず	白桃書房	1989
	10	三原詰章夫・河合昭三・雲英道夫	21世紀への商業教育：商業教育の理論・実践・展望	多賀出版	1986
	11	澤田利夫	商業教育原理	多賀出版	1983
	12	戸田正志	新商業教育総論：商業と経営	産業教育研究協会	1982
	13	ポファム・シュラグ・ブルックハス著、雲英道夫・篠原靖市・原廉共訳	ビジネス教育の教授＝学習システム（上）（下）	多賀出版	1981
	14	田中義雄・雲英道夫編	商業科教育論	多賀出版	1978
	15	全国商業教育研究協議会編	学力回復と商業教育	明治図書	1979
	16	武市春男・平井潔	商業教育論：商業科教育法	国元書房	1976
	17	全国商業教育研究協議会編	新しい商業教育の創造	明治図書	1972
	18	初又才次郎	高等学校商業科教育法	理想社	1968
	19	全国商業高等学校協会編	これからの商業教育：教師のためのハンドブック	全国商業高等学校協会	1968
	20	冨山忠三	商業教育論	所書店	1968
	21	初又才次郎	高等学校商業教科教育法	理想社	1968
	22	大埜隆治	高等学校商業教育論：現代商業教育の道標	市ヶ谷出版社	1964
	23	武市春男	商業教育論	国元書房	1964
	24	大埜隆治	高等学校商業教育論	市ヶ谷出版社	1964
	25	R.G.ワルター・C.A.ノーラン著、商業教育協会訳	商業教育論	新紀元社	1954
	26	奥村恒夫	商業教科教育法及び教材研究	大明堂	1954
	27	大埜隆治	商業教育	岩崎書店	1953
教育実践	1	森均	それでも学歴を追い求めるのか：これからは生き方学習と専門職の時代である	産能大学出版部	1995
	2	森均	"やる気"を起こす奇跡の「大逆転教育」	産能大学出版部	1992
	3	森均	ダメといわれた子らの大逆転教育	エール出版社	1991
	4	杉浦慶之助	テールランプの灯を消すな：君たちは商業科最後の生徒だ	明治図書	1981
事典	1	澤田利夫・山田不二雄・石井栄一編	商業教育用語辞典	多賀出版	1983
	2	中村賢二郎監修、澤田利夫・山田不二雄・石井栄一編	体系高等学校商業教育事典	多賀出版	1981

出所：筆者作成。

実践」で取り上げた書籍は、現状の検定試験を中心とした高校商業教育のあり方を再検討する際の参考書籍として、戦後の高校商業教育を代表する4冊を取り上げた。

(1) 学術研究書

高校商業教育に関する書籍のうち「学術研究書」といえるものは、次に示す3冊である。

三好信浩『日本商業教育成立史の研究』は、江戸時代の商業と商業教育（民衆による『商売往来』による商人教育）のありようから、近代学校として商業教育機関が成立する過程を詳細に分析している。中等教育段階の商業教育に関する記述は少ないけれども、わが国において商業教育がどのような全体的構造をもって成立したかを明らかにしている。三好は産業教育史研究の第一人者であり、工業教育・農業教育・商業教育の各成立史の研究は「3部作」として有名である。

次に、森川治人『明治期における商業教育の教育課程の形成と展開』は、氏が三重県の商業科教員として定年退職を迎えた後、名古屋大学大学院教育学研究科に学び、博士論文にまとめた労作である。明治期に中等教育機関として形成された商業学校の教育課程の特質は、「簿記（学制期には「記簿法」と表記）」と「商業実践」を中心に構成されていたことなどを明らかにしている。

最後に、番場博之『職業教育と商業高校』である。番場は流通論・流通政策論を専門とする商学の研究者であるが、本来の専門である商学の研究と並行しながら高校商業教育に関わる研究を進めてきた[9] 異色の研究者である。本書が高校商業教育の研究に大きな功績を果たしているのは、高校商業教育の現状について「必要なのにその存立が揺らいでいるのか、それとも必要とされていないのか、内容が改善されれば需要が確保できるのか[10]」というように、現状の高校商業教育が置かれた状況を正確に分析するところから出発していることである。そして、今後、商業高校がどのような方向へ向かうのか、商業に関する教育に求められるものとは何かを、既存の商業高校の存続を前提としないで検討していく[11] という、高校商業教育にとって根源的で厳しい問いを提示した点にある。

(2) 教育実践書

　次に、教育実践を通じて現状の高校商業教育のあり方を考える際に参考となる書籍を示したい。森均『“やる気”を起こす奇跡の「大逆転教育」』『それでも学歴を追い求めるのか』『ダメといわれた子らの大逆転教育』と杉浦慶之助『テールランプの灯を消すな：君たちは商業科最後の卒業生だ』の４冊である。

　森の３冊は、1969 年から 23 年間にわたり岐阜県立益田高等学校経理科で行われた簿記教育を中心とした実践記録である。赴任当初、荒れるにまかせられていた商業科の生徒たちに高い目標をもたせ、日商（日本商工会議所）簿記検定１級（大卒程度）に多数合格させるだけでなく、同校卒業生が税理士試験において 11 年連続全国最年少合格記録を達成するなど驚くような教育成果を生み出した実践である。森が立てた高校３年間の目標を具体的にみると、１学年—全商簿記総合１級・全経（全国経理教育協会）簿記総合１級、２学年—全経上級（日商１級と同一レベル、合格すると税理士試験の受験資格が取得できる）・日商１級、３学年で税理士試験科目合格・全経上級・日商１級・全経法人税法１級・全経所得税法１級という、高校生の目標としては信じられないほど高度なものである。ところが、森実践のユニークさは次の言葉に示されている。すなわち、「生徒のやっている勉強、解いている問題は、内容が大変高度で、難しくて、私の実力では解けません。高校教師のノルマ、レベルを超えてしまっています。だから、生徒自身が相談しながら勉強します。初めのうちは、私もいっしょに必死に問題を解こうとしたのですが、生徒について行けないとわかり、やめました。」さらに、「教師が手取り足取りして、問題を解き、解説してやる必要はないのではないか。生徒に自分の素質、長所を自分で発見できるように仕向け、早く気がついて、よしやるぞという気持ちにさせるのが教育であり、教師ではないか[12]。」というものである。では、森はいかにして生徒に高い目標に立ち向かわせたのであろうか。それは、意外にも学校の近くに設けたりんご園での農作業や山歩き、競歩大会などのリフレッシュ学習と呼ばれる活動を通じて生徒の「やる気」を引き出し、持続させるというものである。この森の実践からは、「教えるとは」「学ぶとは」どういうことか、「授業とは」「教師の役割とは」何なのかということをあらためて考えさせられる。

　次に、杉浦慶之助『テールランプの灯を消すな：君たちは商業科最後の卒業

生だ』は、大阪の北陽高等学校（現：関西大学北陽高等学校）で商業科が廃止される1970年代中頃に行われた簿記会計授業の実践記録である。杉浦実践の特質は、企業会計の絶対化を前提とした技能主義・操作主義的な記帳実務というこれまでの簿記会計の教科内容を、「記帳する」という手作業を企業の経済現象の科学的分析に結びつけることによって、特殊な技能・知識としての簿記会計から解放し、企業の経済現象を科学的に認識する能力を育て、真に主権者としての識見を築くことを課題とした点にある。杉浦は授業で「何を」教えるかということについて、具体例で示すならば、決算整理で売上原価算出のための記帳を教えるにあたり、（借方）仕入（貸方）繰越商品（借方）繰越商品（貸方）仕入というのは、売上原価を求めるための基本的な会計処理方法である。だからといってこの仕訳の型を覚えて、所与の金額を使って記帳できればそれでよいということであってはならない[13]といっている。それは、複式簿記の記帳原理の理解という意味だけでなく、この仕訳が商品有高帳記帳法の選択（先入先出法、後入先出法）と関わって、それが企業の意思によって選択された売上原価、ひいては選択された公表純損益算出のための仕訳であり、いわゆる社内留保（自己資本）を促進する1つの機能を担っていることを理解させなければ、会計の基本原理を教えたことにならない[14]というのである。さらに、簿記会計を「どのように」教えるかということについて、討論を中心とした集団的な知的訓練として授業を展開し、その過程で、ひとりひとりの生徒の個人思考内部における生活認識と科学的認識とのぶつかりあいを組織し、科学的認識を介してひろく生活現実をみわたせるようにしていく必要があることも強調している。この杉浦実践は、今日の「覚えて紙の上に再現する」ことを重視した（検定試験合格だけを目指す）高校商業教育の授業のあり方を再考する際に、多くの示唆を与えるであろう。少し古いが優れた授業実践である。

(3) 高校商業教育のあり方を問うもの

　1970年代に入ると、商業科をはじめとする職業学科は学力低下や荒廃などさまざまな問題を抱えることになった。浜林は商業科の状況について次のように述べている。少し長くなるが引用したい。「この時期、高等学校・大学への進学率は上昇し、普通科志向の高まりのなかで、商業科をはじめとする職業高

校や職業科は専門教育のための機関というよりは、生徒自身の希望とは無関係に、成績の低いものをふるいわけて収容する機関となった。そして、商業高校は非エリートのたまり場として極端な技能主義化とレベルダウンが進行し、もはや授業が成り立たないほどの学力低下や荒廃が蔓延した[15]。」このような状況のなかで、高等学校における専門教育とは何か、特に、商業教育の内容をどう考えるかという問題を実践的に克服しようとしたのが商教協編『学力回復と商業教育』（1979 年）であり、それを支える理論的基礎となったのが同研究会編『新しい商業教育の創造』（1972 年）である。先に述べた杉浦実践も、この時期の商教協に軸足を置くものである。

　ところで、今日、高校商業教育の存立をめぐる危機は誰の目にも明らかになりつつあることは先に述べた通りである。しかし、高校商業教育をめぐる危機はすでに 1960 年代にはみられていた。谷敷によると 1960 年〜65 年にかけて「商業教育曲り角論・体質改善論」が、1965 年以降は商業教育の「曲り角」をめぐり、高校商業教育の意義の見直しや制度上の根本的改革の必要性について、時には「商業教育不要論」を伴いながら商業教育多様化論・細分化論が各方面から提唱された。そして、それは 1970 年告示の学習指導要領に具体化されたとしている[16]。谷敷が指摘するように、このときの学習指導要領は 1960 年代の「人的能力開発」論・「教育投資」論[17] に支えられており、商業科においては、それまで「商業科」1 学科であったところに、企業内の職種に教育内容を対応させるかたちで、新たに「経理科」「事務科」「情報処理科」「秘書科」「営業科」「貿易科」を加えた 7 学科とし、「商業科」の中身を細分化（多様化）した。それに伴い、商業科目 20 科目が一挙に 1.8 倍の 36 科目に増え、教育内容も特定の職種に必要な些末な知識・技能（例えば、「秘書実務」という科目で身だしなみや電話の応対のようなもの）を修得させることが取り入れられた。これが、商教協からこの 2 冊が出版された 1970 年代の高校商業教育の状況であった。このような時代背景を理解したうえで商教協初期の議論を読み返してみると、学力低下と教育内容の技能主義化という、高校商業教育が直面する問題を本質的に考え、新しい商業教育を創り出そうとする当時の商業科教員の姿を鮮明に読み取ることができる。この姿勢は、今日においても学ぶべきものがある。

（4）教科調査官などの執筆による書籍

　上記以外の出版物は、教科調査官や全商協会理事、校長経験者の執筆による
ものが大部分である。これらの書籍を手にとって数ページめくればわかること
であるが、執筆者の引退記念のようなものや『学習指導要領解説』をさらに解
説しようとするものがほとんどである。すべての書籍に共通することであるが、
先に述べた学力低下と荒廃という1970年代に入って現場が抱えた問題に向き
合い、それを克服しようとする視点はみられない。浜林は、このことを次のよ
うに述べている。「ここ数年、児童生徒の学力低下といわれる『おちこぼれ』
が深刻な問題となってきている。それは今日では大学をふくむあらゆる学校教
育段階にあらわれているものであるが、もっとも深刻にそれがあらわれている
のは職業高校においてであるといってよい。私たちはまずこの現実をしっかり
見すえることからはじめなければならない。この現実をいちばんよく知ってい
るのは教師と生徒である。文部省や中教審など各種審議会の報告や答申をよん
で、私がいちばんいらだつのはこういう現実に対する認識の甘さである。この
現実を本当に知らないのか、知っていても知らん顔をしているのか、あるいは
少数の例外現象として片づけているのか、いずれにせよ文部省などはこの教育
荒廃にまともに立ち向かおうとしない[18]。」教科調査官などが執筆したこれら
の書籍にそのままあてはまる指摘であり、このような体質も今日の高校商業教
育の低迷を招いた一因であるといえるのかもしれない。

Ⅳ　なぜ高校商業教育の研究は少ないのか

　それでは、なぜ高校商業教育に関する研究は少ないのであろうか。番場は、
普通教育に繋がる教科、例えば英語・国語・地理歴史・公民・数学などといっ
た教科では、大学の教育学部においても高等学校教員が多数養成されているこ
とに着目し、これらの分野の研究は教育学研究として取り組まれているけれど
も、高校商業教育に関する研究は教育科学（教育学）、教科教育、教科専門の教
職課程に関わる3つの分野の連動性に脆弱さがあり、そのことがこの分野の研
究を遅らせてきた原因の1つであるとしている[19]。この番場の指摘は、先に戦
後出版された書籍で確認した通り、高校商業教育に関する教育学的研究はきわ

めて少ないという筆者の分析と部分的に一致している。

　さらに、寺田によると、日本の大学・高等教育機関における職業教育訓練の研究は、高校の工業・農業・商業等の教員養成科目（必修2単位の教科教育法[20]）を教授する大学教師が職業教育研究の主要な担い手になるが、この教員養成の基盤や職業教育学教育のシステムそのものが弱い[21] としている。この寺田の指摘は、先に述べたように商業科教育法を専任で担当している（高校商業教育を専門に研究している）教員はきわめて少数であり、商業科教育法の授業内容が、教育課程論や教育方法論の知見を踏まえた内容になり得ていないのではないかという筆者の分析と相違するところはない。

　つまり、わが国において高校商業教育の研究が少ない最大の原因は、教育学の知見を踏まえてこの分野を研究できる研究者がほとんど存在しないためであるといえよう。

Ⅴ　おわりに

　高校商業教育の研究が学問として成立するためには何が必要であろうか。番場は、教育科学、教科教育、教科専門の教職課程に関わる3つの分野の連動性の脆弱さという点に高校商業教育の研究が遅れてきた原因の1つがあるとした。これをもう少し具体的に考えてみると、教科「商業」という「教科教育」が「教育科学」（教育学）や「教科専門」（例えば、簿記・会計学や情報学、経済学など）から独立して成立することなどあり得ず、「教育科学」と「教科専門」の2方向から「教科教育」へ向かう研究の流れが必要であり、その両者が合流して教科「商業」という学問としての「教科教育」が成立するといえるであろう。しかし、現実にはこの両方向からの流れはでき上がっておらず、それゆえに、高校商業教育に関する研究は停滞し、学問として成立してこなかったということができる。さらにこれをもう少しわかりやすくいえば、現場の商業科教員も大学の教員も「簿記」や「情報」などの専門分野（「教科専門」）に詳しい人はいくらでもいる。しかし、「簿記教育」や「情報教育」といった「教育」となると、「簿記」や「情報」の授業を通じて、生徒にどのような学力を身につけさせようとしているのかということについて、「教育科学」の議論を踏まえて考える

ことができる人はほとんどいなくなる。その結果、実際の教育場面では「教科専門」だけが肥大化し、専門性を深めることは検定試験の高度な級に取り組むことであると単純に考えられ、日商簿記検定1級や応用情報技術者試験などのきわめて高度な内容が高校教育に持ち込まれている。しかし、大卒を前提としたこのような高度な資格に取り組むことが高等学校の「教育」として必要なのだろうか。残念ながら、「教育科学」から教科「商業」という「教科教育」へ向かう流れがないために、教育課程論や教育方法論の知見を踏まえた議論が行われることはない。筆者の考える「教育科学」から「教科教育」へ向かう流れが欠如している一例である。

　現状の高校商業教育を生徒の人格形成と職業生活に関わる豊かな教育として発展させるためには、これまで欠けていた両方向からの流れをつくり上げ、高校商業教育の研究を学問として成立させる必要があるであろう。そしてそこに、商業科教員が主体的に教育実践を組み込んでいく。このような構図ができ上がったとき、高校商業教育は新たな展開を始めるのではないだろうか。

【注】

1) 新堀は「一般の人々、特に政府がある学問分野を評価承認し、精神的、財政的な援助を与えるようになること。」という条件も挙げているが、ここでは検証可能な3条件に限定した。
2) 新堀（1984）12-14ページ。
3) 文部科学省（2016）による。
4) 商業教員養成所の生徒数は1921年に88名であり、この年の商業学校数は、甲種：公立94校、私立26校、合計120校。乙種：公立41校、私立4校、合計45校であった。［糸魚川祐三郎「明治年代商業教育小史」『商業教育八十周年記念誌』（全国商業高等学校協会、1965年）］
5) 大埜（1965）70ページ。
6) 厳密にいえば「機関誌」「研究誌」「紀要」には固有の意味があるが、日本学術会議では一括して「機関誌」という用語を用いているため本稿でもこれを用いる。
7) 2018年3月時点の状況である。
8) 改訂版のある書籍については、初版本のみリストに加えた。
9) 番場（2010）220-221ページ。
10) 番場（2010）19ページ。
11) 番場（2010）5ページ。
12) 森均（1992）52-53ページ。
13) 杉浦（1979）170ページ。

14）杉浦（1979）171 ページ。

15）浜林（1979）9 ページ。

16）谷敷（1973）288-297 ページ。

17）1960 年に発表された「国民所得倍増計画」は、教育計画が経済計画のなかに明確に位置づけられたはじめての施策であった。その論拠となった「教育投資」論とは、人間の労働能力（人的能力）を一種の資本（人的資本）とみなし、教育は人的資本の質的向上（人的能力開発）を促し、国民所得や経済成長の増大に寄与する重要な要因であるから、教育に経費を配分することは単なる消費ではなく投資とみるべきであるとする経済的効果・価値の強調であるといえる。したがって「教育投資」論によれば、教育の目的は社会や産業の目的に合わせて人間をつくることにあり、学校教育は産業の要求に協力するような教育を遂行する場ということになる。そしてさらに、「教育投資」論・「人的能力開発」論に依拠する産業界の要求は、産業の効率性に学校教育の形態を対応させ、全人口の 3〜6％を占めるといわれるハイ・タレントとロウ・タレントを区別し、前者のみを重視するというものであった。

18）浜林（1979）7 ページ。

19）番場（2010）203-204 ページ。

20）現在、教科教育法の単位数は 4 単位に変更されている。

21）寺田（2001）45 ページ。

【参考文献】

大埜隆治（1965）「終戦から昭和三十年までの商業教育の変遷」『商業教育八十周年記念誌』全国商業高等学校協会。

新堀通也（1984）『学問の社会学』有信堂。

杉浦慶之助（1979）「商業教育実践の創造」全国商業教育研究協議会編『学力回復と商業教育』明治図書。

寺田盛紀（2001）「日本における職業教育訓練の展開と課題」『職業と技術の教育学 第 14 号』名古屋大学大学院教育発達科学研究科技術・職業教育学研究室。

浜林正夫（1979）「子どもの発達と商業教育─その歴史的意義と今日の課題─」全国商業教育研究協議会編『学力回復と商業教育』明治図書。

番場博之（2010）『職業教育と商業高校：新制高等学校における商業科の変遷と商業教育の変容』大月書店。

森均（1992）『"やる気"を起こす奇跡の「大逆転教育」』産能大学出版部。

文部科学省（2016）「平成 28 年 4 月 1 日現在の教員免許状を取得できる大学」文部科学省 HP（http://www.mext.go.jp/）、2018 年 1 月アクセス。

谷敷正光（1973）「後期中等教育段階における商業教育の再検討」『駒澤大学経済学部研究紀要』第 32 号。

（森脇 一郎）

商業科を選ぶということ

自己責任による進路選択

　筆者は小学校卒業後、地元の公立中高一貫校に入学した。しかし 3 年間の前期課程（中学校に相当）修了後、後期課程（高等学校に相当）へ進級せず、別の高等学校を受験する決断をした。わざわざ後期課程への進級の権利を放棄してまで別の高等学校を受験したのは、自己責任による進路の選択が必要だと考えたからである。筆者は親にいわれるがままに中高一貫校を受験した。保護者の勧めにより中学受験をすることは筆者に限らずよくある話だ。しかし他者の勧めで入学した学校で過ごすことは、自らの責任で選択した進路とはいえず、覚悟をもって学校生活を送ることはなかなかできない。実際に、前期課程の 3 年間では、責任感のなさから課題を期限内に提出することがままならず、学業成績も芳しくなかった。

　筆者のなかには他者に選択された道を歩むのではなく、自分自身で選んだ道を進みたいという想いがあった。そしてその想いを実現する手段として別の高等学校を受験することを決めたのである。ただし、別の高等学校を受験するにしても、普通高校に入学したのでは中高一貫校の後期課程にそのまま進級したのと学習内容に大差がない。そのため、普通教科以外が学べる高等学校に進学したいと考えた。そこで筆者は、もともと興味のあったプログラミングとビジネスの知識を同時に学ぶことのできる宇和島東高校（愛媛県立宇和島東高等学校）の情報ビジネス科を選択し、入学したのである。

商業科目の魅力

　宇和島東高校入学後、筆者は中学時代から想像もつかないほど熱心に学業に取り組むようになった。商業科目の学習は想像以上に楽しかったのだ。

　商業科目の一番の魅力は、高等学校入学時点から横一線でのスタートができる点である。例えば数学・英語などの普通教科は中学校に入学した段階ですでに習熟度に差がついてしまっていることが多い。小学校、あるいはそれ以前から塾や英会話教室に通っている生徒にとって非常に有利なのである。逆にいえば、そうでない生徒はすでに学習の初期段階で習熟度に差がついてしまっていることに対し無力感を覚え、学習意欲が奪われてしまうのだ。しかし、商業高校で学ぶ「簿記会計」等の商業科目は、ほとんどの生徒が高等学校入学後に初めて学ぶことになる。中学校までは普通教科で成績が振るわなかった生徒も、商業科目であれば高等学校入学後に努力をすることで一定の成果を上げることが可能なのだ。「小さな頃から塾や英会話教室に通っている同級生たちに敵うはずがない。」中高一貫校に通っていた頃、そのような思いから生じる無力感が筆者の学習意欲を奪っ

ていた。しかし、商業科目ではそのような無力感を抱くことなく、熱心に取り組むことができた。

　商業科目のもう1つの魅力は、高い実践性・汎用性である。どれだけ勉学の重要性を説かれても「この勉強が何の役に立つのかわからない」と感じ、学習意欲の湧かない生徒は少なからず存在する。しかし、商業科目は高等学校卒業後すぐに「役に立つ」知識や考え方を身につけることができるため、生徒の学習意欲を喚起しやすい。例えば、商業科目の1つである「情報処理」では表計算ソフトの使い方を学ぶ。表計算ソフトは事務処理に欠かせないものであり、多くのオフィスで使用されている。また、大学生が実験結果をまとめたりレポートを書いたりする際にも表計算ソフトを使用することが多い。こうした実践性の高い知識・技術を学ぶことのできる商業科目は、「身につければ役に立つ」という実感をもちやすいため、生徒の学習意欲が喚起されやすいのだ。さらにいえば、商業科目の学習が役に立つのは高等学校卒業後に限ったことではない。筆者は「情報処理」で表計算ソフトの使い方を学んだ後、それを応用し自らの定期考査の結果を表にまとめ、グラフ化して管理するようにしていた。また、先述の通り筆者は中高一貫校に通っていた頃、課題を期限内に提出することがままならなかった。しかし、「簿記」で「手形の不渡り」を学んで以降、期限を守ることによって得られる信用の重要性に気づき、必ず課題を期限内に提出するようになった。学んだことがすぐに自分の生活に役立つことを実感したのである。

　こうして、生活に役立つ商業科目の学習に意欲的に取り組んでいるうちに、普通教科の学習の仕方も掴むことができた。中高一貫校に通っていた頃は学業成績の振るわない生徒であった筆者が、高等学校入学以後は定期考査や模擬試験で同じ宇和島東高校に通う普通科生に引けを取らない成績を収めるようになったのである。自己責任による商業高校進学という選択によって商業科目の魅力に気づき、それが筆者の人格・人生を変えたといっても過言ではない。

商業科出身者としての願い

　商業高校生は普通高校生に比べ基礎学力が低いとされる。確かにその傾向があることは否定できない。しかし、先に述べたような商業科目の魅力を深く理解し努力を続ければ、普通高校出身者に引けを取らない成果を上げることができるはずだ。現に、宇和島東高校商業科出身で、大学在学中に公認会計士試験に合格した後輩も存在する。同じ商業高校出身者として非常に喜ばしく感じている。

　多くの人に商業高校の魅力を理解してもらうこと、そして商業高校出身者が社会で活躍することを願ってやまない。

（若下　真太郎）

教科「商業」とクロスカリキュラムの可能性

Ⅰ　はじめに

(1) 課題の所在

　一般に農業高校、工業高校、そして商業高校は戦前の実業学校からの生い立ちを含め戦後は職業高校と位置づけられてきた。しかし、商業高校を含むいわゆる専門高校は1970年代をピークに減少し、2017年時点で高校生全体に占める割合において専門学科在籍者数は18％となった。そのうち商業科の在籍者数は、6％まで減少している。このことは「商業教育が必要なのにその存立が揺らいでいるのか、それとも必要とされていないのか、内容が改善されれば需要が確保できるのか[1]」という問いを孕む。仮に必要とされていないのであれば、総務庁（現総務省）行政監察局の勧告[2]により、卒業生の進路状況から自立営農者の減少を指摘され、大きな変革と縮小を余儀なくされたかつての農業高校のように、商業高校にも設置目的の変化やそれに伴う変革が今後起きるのであろうか。

　本章では、職業教育の導入として教科「商業」をすべての人が学ぶべき教科と考え、その可能性を提示することが目的である。なぜなら教科「商業」の特性が社会と教科の学びの橋渡しを果たすからであり、高度に発達した経済社会や産業社会を理解するうえで必要だと考えるからだ。教科「商業」が他の教科とクロスカリキュラムを構成することで、経済学という一定の視点をカリキュラムに与え、さまざまな教科・科目がなぜ必要か、さまざまな科目を学ぶことが生活にどのように活かされているかを認識させる働きをもつからである。その特性は、教科横断的・探究的な課題を扱う総合的な学習の時間や「課題研究」において教科としての強みが活かされると考える。まず教科「商業」の科

目といわゆる専門高校と呼ばれる商業高校が減少し続ける状況を把握し、その
のち教科「商業」の可能性を検討する。

　なお、特に断りがない場合、商業高校とは大学科商業に属する学科が単科で
設置もしくは併設されている高等学校をいう。また、「学習指導要領」とその
内容については『高等学校学習指導要領』（文部・文部科学省「学校指導要領」『過
去の学習指導要領』教育ナショナルセンター HP）を用いて改訂年度で表記した。統
計的なものは文部科学省の「学校基本調査」を用いた。

（2）教科領域を越えるクロスカリキュラム

　まず本章で扱うクロスカリキュラム（Cross-curriculum）について簡単に述べ
る。クロスカリキュラムは 1970 年代から 1980 年代にイングランドを中心とし
て起こった「教科主義」への批判を背景に登場する[3]が、磯崎によれば「伝統
的教科領域の枠組みを越えて横断的かつ柔軟性をもって行う教授・学習（活
動）であり[4]」、1 つの教科で課題を考えるのではなく複数の教科・科目が相互
に関連しながら学習を行い、教科の枠を維持しつつ、テーマ学習することで教
科の知識を総合化するものとされる。本章でも教科の枠組みを残しながら、複
数の教科にまたがるテーマを社会との関連性と合わせて主体的に扱う学習活動
のことを指す。

　わが国では、2009 年新設された総合的な学習の時間において、有効な方法
として紹介されてきたが、さまざまな環境教育や国際理解教育など、その多く
のカリキュラム実践において教科横断的な学習や総合的な学習での中心的な教
科は、いわゆる普通教科である社会科や理科、家庭科が主であった。

　その要因は、総合的な学習の時間が義務教育段階から高等学校に先んじて全
面導入されたことと、専門高校では「課題研究」が、総合的な学習の時間の履
修として一部または全部を代替することができる[5]ため、主に商業高校では教
科「商業」以外の教科と関連を考える必要がないためであろう。そのため管見
では、市民教育や金融教育などを除き教科「商業」の科目がクロスカリキュラ
ムを構成する例は少ない。しかし義務教育段階では開設されない教科「商業」
こそが、クロスカリキュラムで中心的な役割を果たす可能性をもつと考える。

Ⅱ　クロスカリキュラムの萌芽、教科「商業」と多教科連携

(1) 教科「商業」の科目

　まず、教科「商業」の科目を2009年に改訂された学習指導要領をもとにまとめたものが図表5-1である。

　教科「商業」は大きく4つの分野に分けられているが、実務的な基礎知識やスキルを中心とした分野と、基礎的ではあるが理論的な分野に分けられる。

　まず、実務的な分野としては、ほぼ独立して会計分野とビジネス情報分野があり、それぞれ具体的な簿記の記帳方法や実務で用いるソフトウエアの使い方などの事務的スキルや、新しく産業として発展してきた情報の活用スキルに重点が置かれている。会計分野は、事務従事者に必須である簿記の基礎的知識や

図表 5-1　教科「商業」の科目

分野	改訂後（2009）	改訂前（1999）	備考
基礎的科目	ビジネス基礎	ビジネス基礎	
総合的科目	課題研究 総合実践 ビジネス実務	課題研究 総合実践 商業技術 英語実務	整理統合
マーケティング分野	マーケティング 商品開発 広告と販売促進	マーケティング 商品と流通	分類整理 新設
ビジネス経済分野	ビジネス経済 ビジネス経済応用 経済活動と法	 国際ビジネス 経済活動と法	新設 名称変更
会計分野	簿記 財務会計Ⅰ 財務会計Ⅱ 原価計算 管理会計	簿記 会計 会計実務 原価計算	名称変更 名称変更 新設
ビジネス情報分野	情報処理 ビジネス情報 電子商取引 プログラミング ビジネス情報管理	情報処理 ビジネス情報 文書デザイン プログラミング	再構成 新設

出所：文部科学省（2010）9ページをもとに作成。

スキルを学ぶ分野であり、産業界が過去、求めてきた人材に必要な基礎知識や実務的なスキルの分野といえる。

　一方ビジネス経済分野は、マクロ経済やミクロ経済など基礎的な経済理論を学び、市場や社会活動を経済的なものの見方、考え方を学ぶことに重点が置かれた基礎理論を中心とした分野である。またマーケティング分野は、ビジネス経済分野で学ぶ基礎理論と関連する分野と考えられ、市場経済でのビジネス活動を支える具体的な基礎知識と基礎理論を扱う分野といえる。

　「ビジネス基礎」は1999年の改訂で新設され、原則履修の基礎的な科目としての位置づけは変更がない。「ビジネス基礎」を履修したのち、商業の各分野に関する基礎的・基本的な知識と技術の習得を目的とした16科目、総合的な科目としての「課題研究」「総合実践」「ビジネス実務」の3科目、計20科目から構成されている。新設された4科目は「ビジネス経済」「管理会計」「ビジネス情報管理」と「商品開発」である。

　「商品開発」は従前の「マーケティング」「商品と流通」を分離整理し、「マーケティング」「広告と販売促進」としたうえ、「マーケティング」を補完するように新設されている。「ビジネス経済」は、経済に関する基礎的な理論をもとに、具体的な経済事象について経済理論と関連づけて考察する能力と態度から新たに設けられたものであり、基礎的な経済理論を中心に扱うものである。「管理会計」「ビジネス情報管理」は、ともにそれぞれの分野の管理運用面を強調する目的で新設され、会計分野とビジネス情報分野にマネジメント的要素を強調した内容となっている。

　商業高校でカリキュラムの中核を構成する16科目はそれぞれ商業の4つの分野に分けられ、マーケティング分野は「マーケティング」「商品開発」（新設）「広告と販売促進」によって顧客満足度実現能力を、ビジネス経済分野は「ビジネス経済」（新設）「ビジネス経済応用」「経済活動と法」によってビジネス探究能力を、会計分野は「簿記」「財務会計Ⅰ」「財務会計Ⅱ」「原価計算」「管理会計」（新設）により会計情報提供・活用能力を、ビジネス情報分野は「ビジネス情報」「電子商取引」「プログラミング」「ビジネス情報管理」（新設）によって情報処理・活用能力をそれぞれ養うように設定されている。さらに、4分野の内容のうえに総合的に学ぶ科目が「課題研究」「総合実践」「ビジネス

実務」である。この3科目は各分野を総合的に学ぶ科目として設定されているが、内容を検討するとそれぞれ科目の性格が異なる。

　原則履修科目である「課題研究」は (1) 調査、研究、実験、(2) 作品制作、(3) 産業現場等における実習、(4) 職業資格取得の4項目などを通じて、4つの分野を横断的に学び、条件つきではあるが総合的な学習の時間と代替が可能である。「総合実践」は実践的な学習が強調され、地域産業の振興ための起業、経営などのビジネスゲームなどに加え、2009年の学習指導要領改訂から分野横断的・総合的な実践を例示する。同じく2009年の改訂より開設された「ビジネス実務」に関しては、従前の「英語実務」と「珠算」「商業実務」を整理統合して科目数の削減を行うことによりゆとり教育に対応した科目である。そのため、それぞれの内容に関連性が薄く、各分野を総合的に学ぶというには無理がある。

　また、「課題研究」と「総合実践」に関して、その違いを新設科目の解説のためにつくられた指導資料（『高等学校職業教科指導資料　課題研究の指導』）でみると、「総合実践」は「各学科の特性に応じて実施する」こととし、「一方、『課題研究』は生徒が属する学科や類型等に関する内容にこだわらず、学科の枠を超えて[6)]」と小学科[7)] の枠を越えることが大きな違いとして示されている。2009年の改訂では「課題研究」「総合実践」「ビジネス実務」のうち「課題研究」と「総合実践」が4つの分野を横断的に学習できるように変更されたが、この変更は、「課題研究」に加え「総合実践」にも分野横断的な性格をもたせ、さらに教育課程の弾力化を指向した改訂であったことを示している。

(2) ビジネスの視点

　教科「商業」の特色は、さまざまな社会活動や企業活動、さらには産業社会を、経済という考え方やビジネスという視点から捉えていることである。

　一般的にビジネスの定義は、「企業が利益の獲得を目的に営む事業活動であり生産から流通、消費までに関わるさまざまな事業活動」とされる。生産も企業活動の一部でありビジネスの諸活動のなかに含まれる。そのため、ほぼすべての就職を希望する者はビジネスの視点を学ぶことが必要といえる。

　教科「商業」は、将来なんらかの経営体の組織の一員として、ビジネスの諸

活動に参加するであろう生徒に、ビジネスの意義や役割について実社会との関わりのなかで考察させ、ビジネスの諸活動に目を向けさせる態度を醸成しようするもの[8]であって、将来職業人として社会に参画する生徒が対象となる。これは何も商業高校で学ぶ生徒に限定する必要はないと考えられる。

しかしビジネスという視点は、義務教育段階においてわずかに社会科と家庭科で消費生活から経済活動に触れる単元として扱われるに留まる。だが環境問題や国際社会の問題など多くの問題は経済活動に起因し、多くの国やグローバルな企業活動として現れる。ビジネスという視点は、現代の経済や国際社会を理解することに有効な視点であるにもかかわらず、義務教育段階ではこのビジネスという視点で学習することは少ない。

同じように義務教育段階だけでなく、一般に普通科においても商業科が併設されない限り、ビジネスという視点で現代社会を捉える科目を履修する機会は少ない[9]。しかも高卒労働市場が縮小したとはいえ、高卒就職者は存在し、その就職者全体の約 35%[10] は普通科出身者が占める。大学や専修学校へ進学するものもいずれ学校社会から職業社会に移行すると考えれば、ビジネスの視点を学ぶことは、たとえ基礎的な内容の「ビジネス基礎」だけであっても重要ではないか。まして消費者としてだけでなく、生産者として企業のビジネス活動に参加するとすれば、「商品開発」は工業や農業にも必要な視点である。教科「商業」は、ビジネスという視点で産業社会を捉える科目として、商業高校のみならず普通科や農業高校、工業高校を含むすべての学科に必要な科目であり、商業教育の可能性は大きい。

前述したクロスカリキュラムは、主に総合的学習の時間創設時に義務教育段階の普通教育で研究、開発がされていた。では、専門高校と呼ばれる商業高校の専門性とはどのようなものであるか、次節では専門高校の呼称変更とその背景について整理しておこう。

Ⅲ　職業高校から専門高校へ

(1) 専門高校の呼称変更とその背景

専門教育を主とする学科とされるいわゆる専門高校は、従来、農業や工業な

ど職業に関する学科として職業高校と呼ばれていた。この職業高校という呼称が専門高校へと変更を促されたのは、1995年の文部省初等中等教育局長の私的諮問機関である職業教育の活性化方策に関する調査研究会議が出した「スペシャリストへの道」（「―スペシャリストへの道―職業教育の活性化方策に関する調査研究会議（最終報告）」）からである。この報告では、社会の著しい変化に伴いこれまで以上にスペシャリスト（高度の専門的な知識・技術を有する人材）が必要とされ、そのための職業教育は学校教育だけではなく、高等学校卒業後に継続して高等教育を受けたり、リカレント教育や企業内教育での訓練や研修が必要な生涯教育であること、したがって職業教育が職業高校でのみ行われるものではなく、すべての人にとって職業生活を送るうえで必要なものであるとの考えが示され、呼称の変更が提言された[11]。

　加えて、1997年の「理科教育及び産業教育審議会（中間まとめ）」では、学科を分ける農業、工業、商業などの「業」という特定の分野を前提とする従来からの考え方を踏襲せず、教科としての専門性に着目し広く教科内容を捉えることが望ましいとして、従来前提と考えられていた「農」「工」「商」という学科、つまり枠組みを踏襲せず教科の専門性で捉えようとした。

　このことは職業高校という枠組みが、産業構造・就業構造の激しい変化に適応することが難しくなったために、呼称変更によって商業高校という枠組みを残したまま、職業人の完成教育から継続教育に変更することによって対応しようとしたことにほかならない。

　職業教育がすべての人にとって必要な教育という前提と、農業高校、工業高校、商業高校という従来の学科区分が産業構造の変化に対応できなくなったこと、および「業」という特定の分野を前提とした枠組みではなく、教科の教育内容で学科としての専門性を考えざるを得ないという認識があったことをうかがわせる。また、産業構造の変化が進み、従来の枠組みや学科区分では分けることが困難な学科横断的な分野が新しく産業として増えたことをも表していた。

　2009年に創設された教科「情報」は、商取引での活用の側面から捉えた情報処理的な面と工業生産の技術として用いられる情報技術の側面があり、それぞれ教科「商業」と教科「工業」で扱われていたが、情報社会と情報産業の進化により独立した教科「情報」へと発展した。そのため共通教科「情報」と専

門教科「情報」に分かれるが、新しい産業とそれに対応する学科として従来の学科という枠組みでは対応できなかった例と考えられる。

呼称の変更は、特定の分野における職業人養成が目標であった職業高校が、完成教育ではない専門分野への入り口となる継続教育機関へと変わることを意味していた。産業構造や就業構造の変化は、従来の枠組みを脅かすほど急速なもので、Windows95 [12] がリリースされパーソナルコンピュータが急速に普及し始めた時代でもあった。

(2) 専門学科と産業界の需要

前項では専門高校へと呼称変更が行われた背景に産業構造や就業構造の変化があったことを確認した。高等学校の面からは著しい産業構造の変化にどのように対応したのであろうか。

番場は教科「商業」の学習指導要領改訂を詳細に分析することにより、学習指導要領改訂が戦後の産業界とその要請に連動したものと捉えた。

そのなかで教科「商業」は戦後早い時期から産業横断的な性格が想定されていた [13] ことを指摘し、商業高校が学習指導要領改訂によって産業界の要請に応じようとし、その教育内容を変化させてきたにもかかわらず産業界の需要を満たすことはできなくなったと指摘した。その結果、商業高校が就業に直接繋がる職業教育機関として衰退しつつあるとした。産業構造の変化や学歴代替による就業構造の変化によって、商業高校における「職業教育としての商業教育は限定的にしか存立し得なくなってい [14]」たのである。

一方、橋本は就職者の職種に着目して学科間の違いを比較した。橋本によれば、高卒就職者から大卒就職者への学歴間代替の結果、新規高卒者の職種構成が急速に変化したが、1975 年に 1 つの区切りが認められ、1955 年から 1995 年の 40 年間で、男子就職者の職種構成が普通科・農業科・工業科・商業科でほぼ変わらない状態となり、学科間の差がなくなったと指摘した [15]。

このことは、1995 年時点においてすでに各職業高校がそれぞれの分野で職業人の育成を目指す教育を施しても、高卒労働市場にはその需要がなかったことを表す。そのことは同時に中学生が高等学校を選択する要因にも変化を起こした。

産業構造や就業構造の激しい変化によって、就職後の職種からみた学科間の違いは縮小し、産業界の求める人材と商業高校が育成する人材にずれが生じていたといえる。産業界の需要に応えようとしながらも職業高校という枠組み自体が産業界の変化に追いつくことが困難となっていたのである。そのため、従来の「業」を前提とした職業高校という独自性は、ある面失われていったといえる。

　専門高校が完成教育から継続教育を行う教育機関として位置づけられ、それぞれの教育内容で専門性を特徴づけるならば、学科の専門性に興味・関心をもてる教育内容があるかということと、卒業後就職という進路だけでなく多様な進路選択が担保されることが高等学校を選択する基準となる。進路選択の多様性が、学力的な面と中学校の進路指導という要因も加え、受験生からの需要を決定する要因となった[16]。商業高校で施されている商業教育の需要は、産業界側からの需要がなくなるにつれて中学生側からの需要もなくなってきたともいえる。では、商業教育は必要がないのであろうか。

　学科を特徴づける教科「商業」の性格が産業横断的であるとすれば、科目として専門的な知識と技術の深化、総合化を目標とする「課題研究」に着目することで学科の特徴を理解できることとなる。次に、「課題研究」という科目が新たに設けられた経緯からみておこう。

(3)「課題研究」の新設

　1985年の理科教育及び産業教育審議会は、変化の激しい時代における柔軟性のある職業人の育成を目的に教育課程の領域等を弾力化し、「課題研究」を設ける方向性を示した[17]。1989年改訂の高等学校学習指導要領に、新しい科目として「課題研究」が専門教科のみに設けられた。「課題研究」は、当初生徒の多様な実態に応じて、「例えば、職業資格の取得等のための学校の内外における準備学習、個人またはグループによる課題解決のための継続的な活動」が想定されており、学科の魅力を増すため多様な職業教育が目標とされていた。そして科学技術の進歩や発展の激しい時代に対応するため、自主的、継続的に学習する姿勢と探究的、創造的な態度や能力を職業教育に必要な能力とした結果、職業科目として「課題研究」という科目が新設された[18]といえる。

（4）クロスカリキュラムの萌芽、教科「商業」の「課題研究」

前述の経緯から「課題研究」は、探究的、創造的な態度や能力を職業教育に必要なものとして養うことを目的としていた。では教科「商業」の探究的、創造的な態度や能力とはどのような特徴をもつのであろうか。「課題研究」の指導資料に特徴と可能性を示唆するものが記述されている。それは他の学科と異なる特徴として多教科連携、つまりクロスカリキュラムの可能性を示すものである。

教科「商業」において「課題研究」は、商業科の教員だけではなく、国語科の教員や図書館の司書というように、普通教科をはじめとする多くの教職員の理解と協力を得て効果的な学習が展開できるよう、全教職員が「課題研究」について理解を深めておく必要があるとされる[19]。職業に関する科目として教育課程に位置づけられる「課題研究」であるが、農業科や工業科と異なり、「課題研究」新設当初から普通教科と連携したクロスカリキュラムが想定されていたのである。それは、教科「商業」が、他の教科と連携して産業横断的なビジネスの諸課題を扱いやすい、という特徴をもつためであろう。

（5）総合学科の「課題研究」

ところで、専門教科のみに設置された「課題研究」であるが、専門高校ではない総合学科でも設置されている。総合学科は、1994 年に普通科、専門学科に並ぶ第 3 の学科として設立され、創設時に原則履修科目とされたのが「産業社会と人間」、情報に関する基礎的科目と「課題研究」である。この総合学科での「課題研究」は多様な教科や科目を選択履修によって生徒が興味関心に応じて課題を設定する学習であって、その「課題研究」の目標や内容を取り入れたものが総合的な学習の時間へと発展した[20]とされる。

このことは、当初、職業学科（現専門学科）で求められた探究的、創造的な態度や能力や教育課程等の弾力化、各教科と特別活動に明確に区分されない教育活動が、普通科でも求められるようになったことを示している。

Ⅳ　教科「商業」の可能性

　これまで商業高校を取り巻く産業構造や就業構造の著しい変化とその影響を検討した。そこでは、学科を特徴づける特定の「業」を前提とすることが困難なほどの産業構造の急速な変化があった。同時に高卒労働市場において、商業高校という需要がすでになくなりつつあることも確認した。生徒の就職希望というニーズを満たすことができなければ、進学先に商業高校を選ぶ中学生の需要も減るであろう。少子化も影響しているが、高卒就職が難しく卒業後に継続教育を受ける必要があるならば、専門高校で進学先の選択の幅を狭める必要もないという受験生心理が商業高校の減少に表れている。

　しかし専門教科である教科「商業」の需要は本当にないのであろうか。

　高等学校を取り巻く社会の変化は著しいが、普通教科は社会との繋がりが曖昧でその変化を意識することは少ない。特に受験科目といわれる教科・科目では、どうしてもいわゆる入試選抜結果が、保護者や生徒、さらに教員にとっても優先事項となる。いきおいその教科の成立事情や、なぜその科目を学ぶ必要があるのかという教科と社会の繋がりも具体的な説明の優先順位は低く、必要性を実感できる機会も限られているのが現実である。学ぶ必要性を感じない抽象的な事柄や身近でもない問題は、主体的な学習や意欲的な態度には結びつきにくい。

　教科「商業」が産業横断的であり実践的であるならば、それぞれの教科・科目がなぜ必要となるのか、どこで活用されているのかを、身近な経済活動を通してさまざまな教科と連携し、分野を横断するような課題に一定の視点、つまりビジネスという視点を与え身近なものへと転換することが可能だ。教科「商業」の科目がクロスカリキュラムの中心的な科目として活用されることで、普通教科の抽象的で基礎的学習内容が実社会でどのように用いられているのかを知り、同時に実社会を意識することで普通教科の学習意欲を高め知識の転移も期待できる。このことは、教科「商業」がさまざまな普通教科と経済社会や産業社会との橋渡しを行うことが可能であることを示す。いくつかの具体例を検討しよう。

「ビジネス基礎」とビジネス経済分野の「ビジネス経済」「ビジネス経済応用」「経済活動と法」は、基礎的な経済理論と企業倫理という視点で現代社会を捉え、企業活動が果たす役割を通して産業社会や経済社会を理解するのに役立つ。例えば環境問題をテーマとして取り上げる場合、総合的な学習の時間や公民科目とクロスし、その環境問題が自然現象なのか企業の経済活動によるものなのかを考えさせ、法的・倫理的に問題がないのか、その問題解決にはどのような方法が考えられるか、それは事業活動として持続可能なのか、さらに解決に必要な知識や技能はどの教科の領域に関係するのかを考えさせることができる。

　一般に企業では重要な役割をもつ「マーケティング」や「商品開発」は、職業人として求められる知識や技能であるが、社会と繋がりにくい「数学」や「国語」「美術」などと関連づけられ、消費者としてだけではなく生産活動に従事する企業の一員としての視点をもつことができる。

　「マーケティング」に必要な市場調査では、統計処理を行う数学の能力が必要であるし、調査で用いる質問紙を作成するのには国語表現の能力も必要であろう。普通教科ではアジア史の1項目であるアヘン戦争も、ビジネスの視点からは「茶」を巡る貿易不均衡として扱うこともできるだろう。また「茶」を「商品」に置き換えれば、さまざまな経済活動を国際問題として扱える。

　会計分野の基礎的内容である「簿記」で資金の流れを学ぶことは、企業活動を理解するうえでは重要な知識であろう。その知識は技能工や生産工程で働く者でも、経営的視点で自らの労働の意味を理解し企業活動を客観的にみることを可能にする。これからの職業人は、会計情報から自らが所属する企業体を、企業体として健全な状態であるのか、また自らの労働が企業活動のなかでどのような役割をもつのかを判断する必要もある。また、企業倫理が厳しく問われる現代では、「経済活動と法」のような視点も、市民教育や環境教育として公民科、地理歴史科や理科などと異なる視点で共通テーマを扱える。

　高大接続改革答申[21]（「新しい時代にふさわしい高大接続の実現に向けた高等学校教育、大学教育、大学入学者選抜の一体的改革について（答申）」）や2018年改訂の学習指導要領の方向性は、地球規模の課題解決や多様な人が協働して最適解を作り出すための力を育成するというベクトルをもっている。そこで取り上げられる今日

的な課題は経済活動と深く関連している。

　現在の高度な経済社会において教科「商業」の必要性は高く可能性も大きい。実際にコンビニエンスストア等の企業と連携して行われる商品開発は、普通科高校でも行われているし、農業高校や工業高校でも行われている。そこにビジネスという普通教科とは異なった視点で同じ事象を捉えることができる教科「商業」の可能性は大きい。その意味で、ビジネスの視点を学ぶことの意義は大きいといえる。

Ⅴ　おわりに

　従来、職業高校という「業」を前提とした枠組みにおいて商業教育は語られてきたし、産業現場に必要な即戦力としての人材育成を商業高校は担ってきた。しかし、商業高校は職業高校としての役割をすでに終えており、「業」を前提とした枠組みだけが残っているのではないだろうか。

　ここまでに教科「商業」の必要性を検討してきた。最後に、商業高校が減少する要因はどのようなものが考えられるかをみていこう。

　その要因とは、商業高校という枠組みで行われる商業教育の内容ではないかと考える。商業教育は、商業高校に限らず企業内教育や専修学校・大学を含め行われている。そこではより高度で実践性の高い内容、産業界の変化に即応した商業教育を行うことが可能である。産業構造の変化に対応することは、学習指導要領の画一的な改訂だけでは難しい。著しい変化に対応するためには、商業高校として何が求められているかというニーズをそれぞれの商業高校自らが考えなくてはならないだろう。教科「商業」のなかで設定された商業教育はカリキュラムに一定の視点を与え、経済社会の理解を助ける働きをもつ。特に分野横断的・総合的な課題を扱うことのできる「課題研究」は、その柔軟性を生かし「商品開発」などで農業科や工業科とともにクロスカリキュラムによって課題解決能力を育むことができる。ビジネスで学んだ視点は、地域産業とも関連し地域ごとの課題に柔軟に対応することが可能であろう。それは地域経済の活性化に繋がることも考えられる。しかし実際の商業高校では、「課題研究」において目標とする「自ら課題を設定し、課題を解決する」学習が行われてい

ることは少ないのではないか。その要因の1つと考えられるのが、「課題研究」の内容として学習指導要領に職業資格等の取得が示されていることであろう。

1989年の学習指導要領において「課題研究」の内容には、(1) 調査、研究、実験、(2) 作品制作、(3) 産業現場等における実習、(4) 職業資格の取得があるが、文部省 (1989) において職業資格と授業に関係した資格・検定を別のものとして意図的に分けている[22]と思われる。検定と職業資格に関しては混同が起きやすく、教育現場では検定合格が目標となっているのが現実である。

この点を佐々木は、公的職業資格と検定は、その社会的性格、果たしている機能が根本的に違い、両者を混同しやすい記述は避けるべきで、高校職業教育は一般的には、公的職業資格取得を目指す学習とはなじまない[23]とした。

前出の指導資料には「単に資格取得や検定合格を最終的な目標としてとらえず[24]」と明記されているが、実際の高校現場においては両者の違いを教員が理解しているとはいいがたく、検定対策中心となっているのが実情である。

検定対策中心の指導が主体的な課題解決型学習を妨げているとすれば、教科「商業」がもつビジネスの視点を活かしたカリキュラムを構成することは難しい。教科「商業」と「課題研究」本来の教科横断的・総合的学習の目的を達成するためには、教育内容と商業高校という枠組みの再考が必要であろう。枠組みにとらわれず教科「商業」の可能性を活かすことが、商業教育の活性化に繋がると考える。

【注】

1) 番場 (2010) 19ページ。
2) 総務庁行政監察局 (1991) によって、農業高校の自立営農者育成という目的が見直される契機となった。3ページ。
3) 磯崎 (1996) に詳しい。96-132ページ。
4) 同上稿108ページ。
5) 文部科学省 (2009a) 5ページ。
6) 文部省 (1997) 97-114ページ。
7) 同上書。ここでの学科は小学科を想定していることが図-7によって示されている。また「課題研究」が普通科目や特別活動との関連において生涯学習の基礎を培うとされる。101ページ。

8) 文部科学省（2009）7 ページ。

9) 太田（2015）は教科「公民」と「商業」の教科書の内容を比較し、「ビジネス基礎」「ビジネス経済」と「現代社会」「政治・経済」の重複を指摘し両教科科目との連携を提案している。101-108 ページ。

10) 文部科学省（2017）学科別状況別卒業者数より筆者算出。

11) 職業教育の活性化方策に関する調査研究会議（1995）171-175 ページ。

12) Windows95 はアメリカ Microsoft Corporation のアメリカおよびその他の国における登録商標。

13) 番場（2010）53 ページ。

14) 同上書 100 ページ。

15) また橋本は、女子就職者による事務職の比率が高く商業科本来の学科特性を維持しているようにみえるが、高卒女性事務職は管理職への昇進機会をもたず単純事務職と考えられており、違いはないとしている。79-83 ページ。

16) 番場（2010）113-118 ページ。

17) 理科教育及び産業教育審議会（1985）44-45 ページ。

18) 文部省（1997）には、「課題研究」新設時の政策経緯と系統学習の対比として課題解決型学習を導入するために「課題研究」を設立することが述べられている。そこでは、課題解決型の学習を生活上の諸課題や経験に基づき解決する過程としている。1-3 ページ。

19) 文部省（1997）101-102 ページ。

20) 文部科学省（2009b）23 ページ。

21) 中央教育審議会（2014）。

22) 文部省（1989）60-61 ページ。

23) 佐々木（1993）3 ページ、9 ページ。

24) 文部省（1997）7 ページ。

【参考文献】

磯崎哲夫（1996）「英国におけるクロス・カリキュラムとその運営」野上智行編（1996）『総合的学習への提言—教科をクロスする授業—第 1 巻「クロスカリキュラム」理論と方法』明治図書出版。

太田正行（2015）「高等学校商業科における経済教育—公民科との関連—」『経済教育』34 巻。

佐々木享（1993）「公的職業資格、技能検定の社会的性格と高校職業教育」『技術教育学研究』第 8 号。

総務庁行政監察局（1991）『産業教育の現状と現状の問題点—総務庁の行政監察結果からみて—』大蔵省印刷局。

職業教育の活性化方策に関する調査研究会議（1995）「—スペシャリストへの道—職業教育の活性化方策に関する調査研究会議（最終報告）」『季刊　教育法』第 102 号。

中央教育審議会（2014）「新しい時代にふさわしい高大接続の実現に向けた高等学

校教育、大学教育、大学入学者選抜の一体的改革について―すべての若者が夢や
　目標を芽吹かせ、未来に花咲かせるために―（答申）」文部科学省HP（http://
　www.mext.go.jp/）、2017 年 9 月アクセス。
橋本健二（1996）「高校教育の社会的位置の変遷と高校教育改革」耳塚寛明・樋田
　大二郎編『多様化と個性化の潮流をさぐる―高校教育改革の比較教育社会学―』
　学事出版。
番場博之（2010）『職業教育と商業教育―新制高等学校における商業科の変遷と商
　業教育の変容―』大月書店。
文部科学省（2009a）『高等学校学習指導要領』文部科学省。
文部科学省（2009b）『高等学校学習指導要領解説　総合的な学習の時間編』海文
　堂出版。
文部科学省（2010）『高等学校学習指導要領解説　商業編』実教出版。
文部科学省（2017）「学校基本調査」政府統計の総合窓口（e-Stat）HP（https://
　www.e-stat.go.jp/）、2018 年 3 月アクセス。
文部省（1989）『高等学校学習指導要領解説　商業編』大日本図書。
文部省（1996）『「産業社会と人間」指導資料（三版）』ぎょうせい。
文部省（1997）『高等学校職業教科指導資料　課題研究の指導』一橋出版。
理科教育及び産業教育審議会（1985）「高等学校における今後の職業教育の在り方
　について（答申）」『教育委員会　月報』36 巻 12 号。
理科教育及び産業教育審議会（1997）「今後の専門高校における教育の在り方等に
　ついて（中間まとめ）」文部科学省HP（http://www.mext.go.jp/）、2017 年 12
　月アクセス。

（水島　啓進）

コラム3
実学簿記のススメ

簿記とは何か

　簿記の知識を得ることは、仕事をするうえでの手段であり目的ではない。検定試験に合格することは、目標であって目的ではない。普通科の出身者から「簿記をもっと早く、就職する前に勉強したかった。」また、商業科の出身者からは「簿記を勉強したが、仕事に役立ってない。」と聞くことがある。この簿記を学ぶことに対する評価観の違いが生ずるのはなぜであろうか。それは簿記というものをどう教えられたかによる違いではないかと考える。商業科では、検定に合格することを目的に丸暗記をさせてはいないか。筆者自身も商業高校出身であるが、簿記の有用性に気づいたのは、専門学校に進学し社会人となってからである。

　簿記は、企業経営において最も重要な知識であると同時に、経済社会を生きるわれわれ誰もが共通して知っておかなければならない言語である。そのことを痛感したのは、ある中小企業での勤務経験からである。筆者が営業部門の女性に福井商工会議所主催の簿記講座への参加を勧めたことがあった。彼女は3級、2級と順調に日商簿記検定に合格した。彼女から後日、「日頃上司が言っていることばが理解できるようになった。自分がしている仕事の意味もわかって仕事が面白い、会社に行くのが楽しい。」というコメントを聞いた。彼女は、簿記という言語、経済社会におけるコミュニケーションツールを手に入れたのである。

　企業に勤める者にとって、日商簿記検定3級の知識は必須であるといえる。なぜならば、最低限のビジネス用語が理解できていないと業務を遂行できないし、自らの業務の意味も理解できないからである。管理職であれば、日商簿記検定2級の知識が必要となる。自部門をマネジメントするうえで、原価計算・損益分岐点の知識がなければ、部下にも経営者にも説明できないからだ。しかし、職業人育成を目的とした高等学校商業科でさえ、簿記は教えても簿記の使い方までは教えていないのではないか。それが前出の簿記を学んだことに対する評価観の違いに繋がってくると考える。

私塾での取り組み

　そこで、筆者は実務家が教える簿記を広めたいという想いと、簿記の知識が普及すれば社会と企業の発展に必ず繋がるという信念で私塾を開き、現在に至っている。自宅を教室とし、週に1回3時間、受講費用（税別）は月謝制で3級1万3000円、2級1万5000円、テキスト代等は別途である。期間は6月と11月の検定試験に向けた半年間が一区切りとなる。

　当塾では、「簿記とは企業経営において、最も重要な知識である。」の方針で実学を学ぶべく工夫している。そのため最初に、目指す「目標」は3級なのか2

級なのか、学ぶ「目的」は何か、就職や転職なのか、人事異動や昇進さらには税理士や公認会計士等として将来活用するためなのかを明確にさせる。

　続いて、美しい数字の書き方の指導を行う。数字の書き方も、経営のうえで大切な常識であるということを意識させる。実際に数字を書かせ、その後に実地棚卸の実例を示す。もし現物実査者が書いた数字を棚卸入力者が読み違えれば、決算において当期純利益に影響し税額も違ってしまう。いかに数字の書き方が大事かということだ。続いて電卓の活用の指導を行う。目標設定、数字の書き方、電卓の活用が終わり、いよいよ簿記の話に入ることになる。簿記の目的とは何か、貸借対照表や損益計算書には何が書かれているか、なぜ仕入諸掛りは仕入に含めるのか、売上総利益と粗利は同じではないことや、売上総利益から当期純利益まで、常に具体的に実務の話を示しながら学習を進める。

就職へのパスポート

　筆者の私塾には、これまで中学生やフリーターなど多彩な塾生が在籍していた。

　ある男性は高等学校を中退したこともあって、正規社員になれず職を転々としていたが、日商簿記2級を取得したことで高等学校卒業程度と認定され、正社員として営業職に就くことができた。もう1人はギャル風の女性である。同じく高等学校を中退しており、非正規社員として働いていた。しかし簿記の必要性を理解したことで日商簿記3級に合格、その後事務職として正社員となった。

　2人とも簿記を学ばなかったら正社員として働くことは難しかったかもしれない。この2人にとっては、日商簿記検定という資格取得が就職に繋がり、簿記を学ぶことが職業教育としての役割を果たしたと考えられる。

　日商簿記の資格をもつということは、ビジネスのことばで話ができるという認識を相手に与えるのではないか。実社会において、資格取得によって得た知識を使って何ができるかが大事で、検定試験合格はあくまで目標である。簿記の「使い方」を学ぶことにより自らが仕事のどの位置にいるのか、仕事の意味は何なのかを理解できると考える。それが実学簿記ということであり、当塾の目的ともなっている。

（林　　　一）

第6章

後期中等教育におけるジェネリックスキルを育成する商業教育

Ⅰ　は じ め に

(1) 研 究 背 景

　少子高齢社会の進行、人口減という未曾有の事態に直面している日本は、大きな変革期を迎えている。それに伴い、現代社会を生きていくための資質、能力についても変化が求められている。

　このような事態に対応するために、2018年度改訂の新しい学習指導要領では、①何ができるようになるか、②何を学ぶか、③どのように学ぶか、④子ども一人ひとりの発達をどのように支援するか、⑤何が身についたか、⑥実施するために何が必要か、の6点に沿い、「学びの地図」として枠組みづくりをしていくことが2016年12月に中央教育審議会から答申された。注目すべきは、①何ができるようになるかについて、生きて働く「知識・技能」の修得、未知の状況にも対応できる「思考力・判断力・表現力」の育成、学びを人生や社会に活かそうとする「学びに向かう力・人間性等の涵養」という資質・能力の3つの柱を挙げている点である。そして、これらを修得するために、②何を学ぶかにおいて、教科等を学ぶ意義を明確にしたうえで、教科等間・学校段階間のつながりを踏まえた教育課程の編成と科目構成の見直しを行い、③どのように学ぶかにおいて、「主体的・対話的で深い学び」（いわゆるアクティブ・ラーニングの視点）から学習過程の改善が提言されている。さらに、これらを実現するためにカリキュラム・マネジメントの視点からの組織運営改善なども求められている。

(2) 問題の所在と研究目的

　産業構造や雇用形態、労働環境の急速な変化に伴い、従来の価値観や職業観、

職業的能力が通用しなくなると予想されるもとでは、職業に関する教育の見直しも必須であろう。本章では、経済のグローバル化、ICT（Information and Communication Technology）の進展などの影響が大きいビジネスに通じる商業教育のあり方に着目する。そして、職業に関する教育を見直すために、「何を学ぶか」においては、教科「商業」をベースとする共通基礎科目の設定を提案する。そして、「どのように学ぶか」に関しては、それらをアクティブ・ラーニングの視点から展開することの必要性について言及していく。これらにより、「ビジネスに関する基礎的で幅広い知識をもち、それを活用することで新しい時代を生き残る能力（以下、ジェネリックスキル）」の修得を旨とした新しい職業に関する教育を構想することを目的とする。

Ⅱ　変化の時代

(1) 社会の変化

　これからの日本は、少子高齢化の進行による生産年齢人口の減少や人口減に伴う国内市場の縮小、国際的な経済活動における日本の存在感の低下などにより、従来とは異なった社会情勢へと突入すると考えられる。そのような時代には、不足する労働力を獲得するために外国人労働者の流入が避けられないであろう。また、多くの職種、業種において自動化が一層進むことが予想される。特に AI（Artificial Intelligence）の発達は、多くの仕事の自動化を進める可能性が高いといわれている。

　このような予測に沿えば、大手企業が進出しておらず、業務マニュアルが整理されていないニッチ分野の産業や、従来の産業、業種を組み合わせることで生まれる新しい産業＝ハイブリッド産業にビジネスチャンスが見出されるだろう。また、経済活動も組織体（企業）としての活動ではなく、個（個人事業主）の集合体としての活動が主流となってくることなど雇用体制の大きな変化が予想される。現在、企業の寿命は平均 23.5 年といわれている[1]。就業期間が約 40 年とされる現代社会では、多くが転職を余儀なくされる事態に直面する。これは終身雇用が成立しにくいことを意味している。そして、国内市場が縮小化していくなかで、年功序列型賃金制の維持が困難になることは明らかであり、

OJT（On the Job Training）を必須とする新卒一括採用が企業にとってメリットがないことも明らかである。また、経済活動が個人化することは労使協調が無意味になる。これらの予想は高度経済成長を支えた日本型雇用が成立しにくい時代になってきたことを意味している。一方で、限られた層には今までと同等、むしろ強化された従来型の雇用体制が継続される[2]。いわば少数エリートの終身雇用（に近い雇用形態）と大多数非エリートの有期雇用という「雇用の二重構造化」が進んでいくのである。

(2) 教育界の変化

　1980年代、臨時教育審議会において今日の日本社会を見越した「生きる力」が主張された。しかし、時代の変化は想定以上に早く進み、学習指導要領に関する答申では「確かな学力（知）」「豊かな人間性（徳）」「健康・体力（体）」をバランスよく育成することを捉え直し、主体的・協働的な活動によりそれらを融合した「認知的、倫理的、社会的能力、教養、知識、経験を含めた汎用的能力（以下、汎用的能力と略す）」の獲得を提言している。これらは、先行き不透明な社会において新しい"何か"を生み出す能力といえるだろう。つまり「定められた解にたどり着く」能力だけでなく、「新たな解を作り出す」能力である。新たな解を作り出すには、単一の価値観だけでなく、複数の異なる価値観を組み合わせることが有効な手法である。つまり個人が競争するのではなく、チームとして協働することで新たなものを生み出すあり方が重要視されるようになるわけである。

　一方で、雇用の二重構造化が進み、日本的雇用の特徴であった終身雇用、年功序列型賃金制、労使協調が成立しにくい現状では、新入社員に「即戦力として働ける専門性」が求められるようになる。しかし、特定の職業に対する高い専門性は、加速的に変化している現代社会において、就業前教育＝学校教育で担保することは困難である。その結果、「ある専門分野における根本的・原理的な考え方や専門倫理、あるいはその分野のこれまでの歴史や現在の問題点、将来の課題なども俯瞰的に相対的に把握[3]」できていることが求められる。その職業に対する志向性が重要視されるようになるわけである。

　「汎用的能力を育成する」「志向性を定める」ことが学校教育に求められるよ

うになったとき、教育界においても大きな変化が生まれる。それが現在進行している教育改革である。

(3) 高等教育（大学）の変化

　高学歴が高収入を保証するものではなくなった現在だが、大学・短大進学率は 54.8%（2017）[4] とむしろ向上している。これは未だに高い学歴がよりよい収入が得られる仕事・立場への就業へと繋がるという学歴神話が根強く存在していることを意味している[5]。

　一方で、18 歳人口が減少しているにもかかわらず、入学者定員の調整が行われなかった結果として大学進学は易化した。その結果、「いわゆる大学全入時代においては、多くの大学において大学入試の選抜機能が低下し、入試によって入学者の学力水準を担保することが困難な状態[6]」を招くことになった。

　このような現状に対応するために、中央教育審議会は「学士課程教育の構築に向けて」（2008 年 3 月）、「新たな未来を築くための大学教育の質的転換に向けて〜生涯学び続け、主体的に考える力を育成する大学へ〜（答申）」（2012 年 8 月）などにより、高等教育の質的改善を求めるようになった。これによって、大学は入学者受け入れの方針（アドミッション・ポリシー）、教育課程編成・実施の方針（カリキュラム・ポリシー）、卒業認定・学位授与の方針（ディプロマ・ポリシー）の一体的な制定・公表を義務づけられた。いわば「どのような学生を入学させ、どのような力を修得させて、どの程度のレベルで卒業させるのか」の明確化が求められたのである。

　この大学改革の一環として、学校教育法が 2017 年 5 月に改正され、専門職大学の設立が定められた。学術主体の高等教育と職能主体の高等教育を併存させる（または複線化する）大胆な変革といえる。OJT が困難な状態にある企業側としては、即戦力として働ける実践力と高度な専門性をもつ人材の育成を大学に求めることができる点で望ましいかたちであろう。しかし、今まで後期中等教育段階で導入されていた日本版デュアルシステムに近い取り組みを高等教育段階で導入することは、職業教育を旨とした後期中等教育の専門学科の存在意義に「揺らぎ」を生じさせることになる。

(4) 後期中等教育の変化

　雇用の二重構造化が進むなかで、一部に保障された従来型の安定した雇用を目指して大学進学を志す層は多い。これは、生徒レベルでも学歴神話が根強く残っており[7]、保護者も従来の価値観から抜け出せず、よりよい学歴を子どもに与えることが将来のより安定した生活に繋がるという思いから、投資として成立しない可能性が高い進学費用を出資している状況があるのであろう。また、進路指導を行う教員が進学先決定までしか考えず、キャリア形成を先送りする指導から抜けられないことなどが主な原因として考えられる。その意味では、大学は学術的な学びではなく、職業に繋がる学び（就職へのパスポート）を期待されているといえる[8]。専門職大学の創設は、そのような考えを具象化するものであり、この流れは加速することさえ予想される。従来、後期中等教育で求められていた職業に関する教育が高等教育に移管されたような状況だからこそ、後期中等教育に変化が求められている。まさに、今回の改革ターゲットは後期中等教育といってよいだろう。

　この改革は、1980年代の臨時教育審議会を発端とする改革と同じベクトル上にあるといえる。臨時教育審議会を源流とする「総合学科」「総合的な学習の時間」の取り組みは、従来の「学校観」「授業観」とは異なる様相をもつものである。これらの根底には自分のあり方生き方を考える「キャリア教育」が内在している。しかし、「総合学科」「総合的な学習の時間」の導入・実践は、後期中等教育段階では順調とはいいがたい現状がある。原因の1つに、現在の入試選抜が知識を主とした選抜になっており、改革によって求められている「生きる力」が評価対象となっていないことが考えられる。その結果、知識を主とした学力を身につけないと就職に有利な大学に進学ができないという考え方が根強く残り、特に多くの後期中等教育年代が通学する普通科においては、「知識を中心とした勉強をさせて、大学（願わくばより高いレベル）に入れるのがよい」という高度経済成長期から変わらぬ価値観、大学に合格さえすればよいという手法による進路指導を継続させる温床ともなっている。

(5) 高大接続の変化

　このような事態を解決する最終手段ともいえるのが「高大接続改革[9]」であ

る。知識・技能をどのように活用するかを重要視し、単独教科の知識、技能を測るものではないハイブリッド型ともいえる「合教科・科目」型の入試問題、思考力・判断力・表現力などが求められる「総合」型の入試問題、複数の正解をもつ問いや正解が存在しない納得解を求める問いなど、フレキシブルな問いの導入が検討されている[10]。また、AO入試の導入や推薦入試の拡大も検討されている。これらにより従来の普通科、専門学科における指導では対応が困難な入試を実現することで、後期中等教育改革を一気に押し進めるということであろう。

　この高大接続改革は、後期中等教育の指導に変化をもたらす可能性を秘めている。普通科は「普通教育を主とする」学科として、大学へ進学させることを目指す指導が主である。そのため、従来は知識を教授することを要として、進学する大学・学部（偏差値ランク）に注目し、どこで、どのようにあるのか、生きるのかについての指導は大まかなものとなっていた。一方で「専門教育を主とする」専門学科では、それぞれの学科において高度な専門教育を実践し、教科の学びを完成させることを目指す指導になり、特に職業に関する教科では職業能力を高めることに主眼をおくことになっていた。

　しかし、今回の教育改革により両学科とも指導は同一の方向に向かうのではないかと考えられる。普通科では、大学進学を考えるうえで、偏差値ランクではなく、各大学が定めるアドミッション、カリキュラム、ディプロマの3ポリシーを意識して進学先を考えなければならなくなる。つまり「どこで、何を学び、どのような力をつけるのか」を明確にするために、「どこで、どのような生き方をするのか」を考えさせることが、大学進学への重要な指導要素になってくる。一方、専門学科では高等教育の変化により、後期中等教育段階で専門教育を完成させる必要性は低くなる。そのため、自分の専門的な学びを活かして「自分がどこで、どのような働き方（生き方）をするのか」を考えさせる指導が重要になってくる。つまり、すべての学科において、生徒にあり方生き方を考えさせる指導＝キャリア教育こそが最も重要になってくるのである。これは、将来の職業選択を視野に入れた自己の進路への自覚を深めさせる学習を重視する総合学科の目指す指導に、普通科および専門学科が近づいてくるとも受け取れる。

Ⅲ 現状の問題

(1)「学科」の壁

　中学校において職業に関する専門教育を受ける機会はほとんどない。それにもかかわらず、高校進学時には普通科、専門学科を選択しなければならない状況が、総合学科が創設される 1990 年代まであった。しかし、総合学科の設置数が鈍化している現状では、この状況が解決されているとはいえないだろう。そのため進学先選択に対して明確な理由が見出せないままに、学力成績による振り分けで進学先を選択する中学生も数多く存在している。これによりミスマッチが生じ、中途退学者が生まれる問題は今までも多く指摘されている[11]。解決のためには高等学校進学後にフレキシブルに職業に関する専門教科に触れ、自分のあり方生き方とのマッチングを確かめながら自らの志向を選択することができるようにしなければならい。

　ところが、従来の普通科、専門学科においては、学科の存在こそがフレキシブルな学びの大きな壁になっている。なぜならば従来の学科では、体系化された学びに準じて設定する教科、科目が自ずと決まってくるからである。普通科の教育課程では、「各学科に共通する各教科・科目」を主として学ぶことになり、職業に関する教科・科目を学ぶ機会は少ない。一方、専門学科では「専門学科において開設される教科・科目」を学ぶように定められているが、複数の専門学科の教科・科目を設定することは定められていない。これは職業に関する教科でも同じである。これでは普通科では職業に関わる学びを十分に受けることできず、専門学科においても特定の産業に結びつく職業の学びしか体験できないという事態が生じてしまう。つまり、「進学」「就職」の選択はできても、「あり方生き方」に繋がる志向性を定める指導は困難ということである。

(2) 教科・科目から基礎科目・発展科目へ

　あり方生き方に繋がる志向性を定める指導を行うには、従来の体系化された学びを旨とする学科を中心とした考え方から、学科を越えたフレキシブルな選択履修を旨とした総合的な教科・科目中心の考え方への移行が必要である。た

だし、教科・科目へと移行したとき、その主は教科ではない。なぜならば、教科を主とする考え方では、学科が色濃く反映されるためである。特に職業に関する専門学科では顕著であろう。そこで、考え方を一歩進める必要がある。つまり、教科・科目ではなく、基礎科目・探究科目への考え方の移行である。

新しい学習指導要領を例として挙げると、教科「地理歴史」において基礎科目として「地理総合」「歴史総合」、探究科目として「日本史探究」「世界史探究」「地理探究」が新設されている。基礎科目はすべての学科において、全員が履修しなければいけない共通基礎科目（必履修科目）として定めてある一方で、探究科目は一定の条件のもとで、自らの志向性により選択して履修する科目（選択履修科目）として設定されている。このような基礎科目・探究科目という捉え方によってこそ、学科という体系だった学びの壁を取り除くことができ、志向性をフレキシブルに定めるために有効な指導ができるのである。

（3）商業科目をベースとした基礎科目

では、どのような科目が学科の枠を越えた共通基礎科目であるべきなのか。2002 年の学習指導要領改訂から必履修化された教科「情報」の科目にそのヒントがある。教科「情報」の導入は、情報社会の発達とともに、情報教育が求められた結果である。その対応として、「社会と情報」などが必履修科目として設定された。つまり、社会が変化したときに必要とされる教育が新たな共通の基礎科目になりえるのである。

このヒントをもとに、変化する現代社会において必要とされる教育を考えたい。日本における産業別人口に注目すると、現在の日本では産業の高度化に伴い、おおよそ 70％以上が第 3 次産業に就業している[12]。つまり 7 割以上が何らかのかたちで商業的な活動を主とした産業に関わっている現状がある。一方で、商業的な活動はそれ単独では成立しない。取り扱う商品やサービスが存在して初めて成立するものである。これらのことから、単純に商業活動について学ぶのではなく、商業活動の視点をもって産業について学ぶことが多くの国民にとって必要なことであるといえる。以上によって、社会から必要とされる学び＝商業的な視点をベースとした産業理解を施す教育は共通基礎科目になり得るわけである。

Ⅳ　商業的な視点をもった新しい教育の提案

(1) アメリカ合衆国のキャリア・クラスターズ

　アメリカ合衆国（以下、アメリカ）は、1990年代以降、社会の変化とそれに伴う教育界の改革にいち早く取り組んでいる。それは、教育と労働を緊密に結びつけ、教育の職業的意義を向上させることに本旨がある。本章では、日本の職業に関する教育を見直していくうえで、アメリカのキャリア・クラスターズにおける職業技能スタンダードCCTC（Common Career Technical Core）に注目したい。キャリア・クラスターズとはアメリカにおける職業教育改革の推進を牽引する全米的な専門職団体であるAdvance Career Technical Education の職業教育カリキュラムの開発指針のことであり、16分野に区分したキャリア・クラスターをさらに79種類のキャリア・パスウェイに細分化し、それぞれに求められる能力を定めたものである。2016年現在で全米42州がスタンダードとして位置づけている。

図表6-1　働くために必要な能力の構造

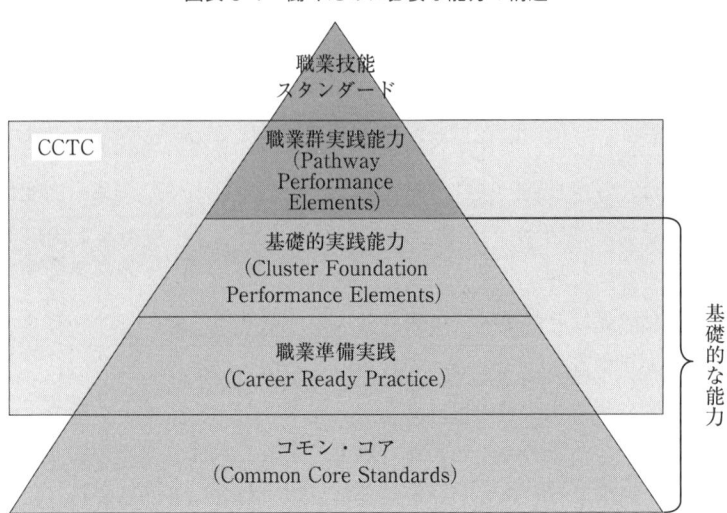

出所：石嶺（2017）14ページ。

CCTC では、働くために必要な能力を図表6-1 のように構造化している[13]。これによると第1層「Career Ready Practice」は、具体的な職業にこだわらず働くために必要な知識・スキルである。この能力は、①基礎的な知識や意欲・態度、②コミュニケーション能力や思考力・判断力など働くために必要な基本的な能力、③実際の教室やフィールドにおける学習の枠を越えて重視される能力、に集約されるとされる[14]。これは「社会人基礎力[15]」とも共通項が見出せる部分である。いわば「汎用的能力」の育成段階といってもいいだろう。

　第2層「Cluster Foundation Performance Elements」では、各クラスターの基礎的な技能を定めている。それぞれの職業的な特徴を理解し、その基礎的な技能を学ぶことにより、自らの志向性と一致するかを確認する学び、いわば探究的な学びの段階といってもよいであろう。

　そして、第3層「Pathway Performance Elements」からは、各パスウェイで求められる発展的な技能習得が定められている。いわばプロフェッショナルスキルの習得段階である。

　現状の問題点への解決に繋がる新しい教育のあり方を考えたとき、それぞれの段階で求められる能力を明示しているこの先進事例は大きなヒントになり得るであろう。本章では、CCTC のこれら3階層を参考にして、第1層〜第2層を初等〜後期中等教育段階、第3層を高等教育にあてはめ、商業的な視点をもった新しい教育のあり方を提案していきたい。

(2) 日本における「Career Ready Practice」(第1層)
―アクティブ・ラーニングの必要性―

　新しい時代は、現在の産業とは全く違った産業、ニッチ産業、または既存の産業を組み合わせるハイブリッド産業が求められることは前述した。ほかにも、人間関係に密接な繋がりをもったサービス産業は生き残れる可能性がある[16]。これらに対応するためには、自らがすべてを担当する能力ではなく、それぞれの能力をもった複数の人間が協働する力、多くの仲間と繋がり合う力を高めなければならない。つまり、基礎的な知識・技能だけでなく汎用的能力を高める必要があるのである。これらはCCTC の第1層で求められている能力と重なる部分が多い。そして、これらは初等教育〜中等教育〜高等教育を通じて育成

していくことが必要であろう。

　学習指導要領に関する答申では、汎用的な能力を育成するために、「どのように学ぶか」の面から、「主体的・対話的で深い学び」（アクティブ・ラーニングの視点）の実現が提言されている。アメリカをはじめとする欧米諸国では AL（アクティブ・ラーニング）がごく当然の授業風景としてあるが、日本では知識教授型の一斉講義が主流であるため、まずはどの教育段階においても AL の導入が最優先事項である。

　AL が注目されて以降、多くの手法や実践例が紹介されている。初等教育〜中等教育、特に普通教科に関しては、多くの実践本が発刊され、実践も報告されている。一方で、後期中等教育から始まる職業に関する専門教科での実践本は少数である。また、実践の報告も普通教科に比べれば少ないのが現状である。職業に関する専門教育が、職業訓練を理由として従来通りの一斉講義型授業が主流であることや、指導の目標として各種検定が重要視されている以上、合格のために訓練的要素が強い授業が行われるのは仕方がないことは理解できる。しかし、新しい時代に「生き残る力」を育成するためには、従来とは違う授業実践へと変わらなくてはいけない。これは時代に求められる力を修得させるという意味では、従来の職業教育と同様であるともいえる。

　今後は AL を正しく理解し、普通教科、職業に関する専門教科に関係なく実践例を積み上げ、周知伝達することが重要であろう。職業に関する専門教科は科目数が普通教科と比較して多い以上、さまざまな実践が考えられるはずである。そして、それに伴う新しい評価方法の導入が重要である。この 2 つは裏表の関係であり、どちらを欠くこともできない。そのためには、実践する教員が「スキルアップ」ではなく「スキルチェンジ」の必要性を感じ、積極的にチャレンジしていくことが重要であることを指摘しておく。それが実現したとき、「基礎的な知識と汎用的能力を育成する教育」が進み、CCTC における第 1 層を日本で実現する土台が完成するのである。

(3) 日本における「Career Ready Practice」（第1層）
─ビジネスに関する教育をベースとした基礎科目の提案─

　日本の産業人口との関わりから、「商業活動の視点をもった産業理解」およ

び AL の必要性は前述した。そのうえで、社会の変化に対応するためには、産業社会の構成を俯瞰的に捉え、考察し、理解するための基礎教育が必要である。その具体案として高等学校 1 年次における「ビジネスに関する共通基礎科目の設置」を提案したい。

その具体的先進事例として、2017 年度から実施されている静岡県立駿河総合高等学校の取り組みに注目する。静岡県立駿河総合高等学校では、総合学科の特徴を活かし、原則履修科目である「産業社会と人間」をビジネスに関する基礎科目として 1 年次に設置している。学習指導要領上の「産業社会と人間」には、①産業と生活の変化、②我が国の産業と社会、③進路と自己実現・科目履修ガイダンスという 3 つの指導内容が定められている。このうち①、②について、通年 2 単位で図表 6-2 に示した内容を「ビジネスの視点からの○○業」という切り口で商業科教員が担当している。

これら内容は商業科目「ビジネス基礎」を参考に構築されている。「ビジネス基礎」は教科「商業」の原則履修科目であり、基礎的・基本的な内容で構成され、より専門的な学習の動機づけや卒業後の進路について生徒の意識を高めることを目的としている。まさに商業活動の視点をもった産業理解に通ずる内容であり、参考にできる科目といえる。

ここに設定されている内容は、くしくも CCTC 第 2 層において定められているクラスターと共通する内容が多い。CCTC では、全 16 クラスターのうち 6 クラスターがビジネス分野（ビジネス経営/管理、金融、ホスピタリティ/観光、対人

図表 6-2　産業社会と人間

ターム	内容	ターム	内容
前期	卸小売	後期	企業形態
	運輸		小切手決済
	サービス		税と雇用
	金融・保険		販売促進
	経理		CSR
	福祉		グローバル
	製造		介護

出所：静岡県立駿河総合高等学校 2018 年度「産業社会と人間」シラバスをもとに作成。

サービス、マーケティング、交通/物流）になっている。現在の社会において展開されているこれら業種について学ぶことは、CCTCにおいても有用性があることが認められているということであろう。しかし、CCTCにおいては、第2層においてクラスターを選択しなければならない。われわれは知っていることのなかから選択をする。そのため、知っている範囲が広ければ広いほど、より多くの選択肢をもつことができる。知っている範囲を広げる共通科目を第1層に設置することは、CCTC第2層に該当する部分（それぞれの職業的な特徴を理解し、その基礎的な技能を学ぶことにより自らの志向性と一致するかを確認する学び）をより広い範囲から選択できるようになるためにも有効であろう。そして、それが自らのあり方生き方を考え、それぞれの職業的な特徴を理解し、その実現のために実社会に繋がる専門科目を学ぶこと＝第3層「Pathway Performance Elements」、いわば職業教育を施す高等教育に繋がるのである。

（4）日本における「Cluster Foundation Performance Elements」（第2層）
―ハイブリッド・フレキシブルな教科「商業」の学び―

CCTC第2層においても、基礎科目と同じで産業人口割合に鑑み、志向性を定めるための探究科目にビジネス的な視点をもたせることは重要である。教科「商業」においては、「課題研究」が設置されている。専門的な学びを深め、自らの興味関心がある課題を探究する科目である。この科目を全員が学ぶという方法も考えられるだろう。しかし、本章においては、教科「商業」に関する探究科目を軸に、ハイブリッドな選択ができるように他教科の探究科目に注目し、履修できる体制づくりが重要であると考える。つまり、教科「商業」の科目設定、内容を工夫するだけでなく、他教科の探究科目も合わせて選択できる体制づくりである。

実社会において商業活動は、単独では成立しない。取り扱う商品・サービスがあるからこそ成立するのである。これらのことを科目選択にあてはめた場合、教科「商業」の科目だけでは不十分であり、他教科・科目との連携が求められる。学習指導要領に関する答申では「農業等における経営感覚の醸成や、商業における観光に関する学習の充実等の見直しを実施」が明示された。これは、異なった職業に関する教科・科目を学ぶ「ハイブリッドな学び」を今後推奨し

ていくことを意味する。今後は単独の専門学科でも、他の職業に関する教科・科目の導入を検討していくことが求められるだろう。

　また、教科「商業」に関する探究科目を軸におくことで、「フレキシブルな学び」へと繋げることができる。どの産業に関わることになっても、ビジネスの視点は切り離すことはできないため、探究する分野が変わっても、共通するものとしてビジネス的な視点は残るからである。志向性の変化にも柔軟に対応できることは、教科「商業」が共通基礎科目として成立する1つの傍証にもなるだろう。

　このように、教科「商業」を軸とする「フレキシブルな学び」「ハイブリッドな学び」で「多様性への対応」を実現することこそが、社会と連動した探究的な学びを実現するためには不可欠だろう。そしてそれは、志向性を高める指導を旨とする後期中等教育に今後より一層求められるものになるだろう。

Ⅴ　おわりに─商業的な学びによるジェネリックスキルの育成─

　汎用的能力の育成を意識したALの視点の授業を展開する。教科「商業」をベースとしたビジネスに関する共通基礎科目を導入する。そして、志向性を定めるために、フレキシブルでハイブリッドな探究科目の選択により、ビジネスの視点をもったキャリア教育を充実させる。これらに対応することが今後求められる後期中等教育における商業教育の姿ではないだろうか。そして、これらにより未曾有の時代を「生き残る力」を育成することこそが、今後の後期中等教育に社会が求めることであろう。

　新しい時代を生き残る生徒を育てるためにも、「全ての高校生がビジネスに関する基礎的で幅広い知識を持ち、それを活用する事で新しい時代を生き残る能力」を育成すること。「後期中等教育におけるジェネリックスキルの育成」のために商業教育が果たす役割は大きい。それを実現するためにも、教員養成、学校経営も含めた大きな変化を受け入れていかなければいけない。まさに、現在進行形の教育改革において重要なポジションを占めるのが商業教育といえるだろう。

【注】

 1) 東京商工リサーチ（2017）。
 2) 日本経営者団体連盟（1995）33 ページによると、今後の日本の雇用体制は「長期蓄積能力活用型」「高度専門能力活用型」「雇用柔軟型」に分化し、「好むと好まざるとにかかわらず、労働市場は流動化の動きにある」と指摘している。
 3) 本田（2009）14 ページ。
 4) 文部科学省（2017）。
 5) 山田（2006）251 ページでは、この考えを「パイプライン・システム」として紹介し、「大学にいっても仕方がないが、いかないのはもっとダメ」と述べている。
 6) 中央教育審議会（2008）29 ページ。
 7) 山田（2006）251 ページ。
 8) マーチン・トロウ（1976）65 ページでは、進学率が 50％を越えた時点を大学のユニバーサル化とし、「万人に進学の機会を提供するユニバーサル型の高等教育機関になると関心ははじめて、多数の学生に高度産業社会で生きるのに必要な準備をあたえることにむけられる」と述べている。
 9) 文部科学省（2016）。
 10) 中央教育審議会（2014）。
 11) 文部科学省（2018）112 ページでは、62.8％が進路変更を理由として中途退学をしている。
 12) 総務省統計局（2015）。
 13) 石嶺（2017）14 ページ。
 14) 同上稿 15 ページ。
 15) 経済産業省は 3 能力と 12 能力要素を規定している。
 16) 西川（2016）133 ページでは、「商品は広域で移動可能だからです。しかしサービスはインターネットで注文することはできません」と指摘している。

【参考文献】

石嶺ちづる（2017）「スタンダードに基づく教育改革における専門的職業人養成の動向―アメリカにおける就学前教育分野の職業的スタンダードを中心に―」『学校法人国際学院研究紀要』第 38 号。

経済産業省（2006）「社会人基礎力」経済産業省 HP（http://www.meti.go.jp/）、2017 年 12 月アクセス。

総務省統計局（2015）「平成 27 年度国勢調査」統計局 HP（http://www.stat.go.jp/）、2018 年 3 月アクセス。

中央教育審議会（2008）「学士課程教育の構築に向けて（答申）」文部科学省 HP（http://www.mext.go.jp/）、2018 年 3 月アクセス。

中央教育審議会（2014）「高大接続特別部会（第 16 回）配布資料 1-2」文部科学省 HP（http://www.mext.go.jp/）、2018 年 3 月アクセス。

東京商工リサーチ（2017）「2017 年「業歴 30 年以上の『老舗』企業倒産」調査」（http://www.tsr-net.co.jp/）、2018 年 2 月アクセス。

マーチン・トロウ、天野郁夫・喜多村和之訳（1976）『高学歴社会の大学―エリートからマスへ―』東京大学出版会。

西川純（2016）『親なら知っておきたい学歴の経済学』学陽書房。

日本経営者団体連盟（1995）『新時代の「日本的経営」―挑戦すべき方向とその具体策―』日本経団連出版。

本田由紀（2009）『教育の職業的意義―若者、学校、社会をつなぐ―』筑摩書房。

文部科学省（2016）「高大接続システム改革会議『最終報告』」文部科学省 HP（http://www.mext.go.jp/）、2018 年 3 月アクセス。

文部科学省（2017）「学校基本調査」政府統計の総合窓口（e-Stat）HP（https://www.e-stat.go.jp/）、2018 年 3 月アクセス。

文部科学省（2018）「平成 28 年度児童生徒の問題行動等生徒指導上の諸問題に関する調査（確定値）」文部科学省 HP（http://www.mext.go.jp/）、2018 年 3 月アクセス。

山田昌弘（2006）『新平等社会 「希望格差」を超えて』文藝春秋。

（鈴木 庸介）

第 6 章　後期中等教育におけるジェネリックスキルを育成する商業教育　*121*

専門学校における情報教育

情報分野の専門学校と職業教育

いわゆる情報分野の専門学校においては、入学および卒業ということ自体には特に意味がない。あるとすれば、在学中に特定の資格を取得したかどうかということである。その意味では、特定の職業あるいは職種を想定した就業準備のための職業教育に限定している点に専門学校の情報教育の特徴があるといえる。その目的が達せられれば、卒業するか否かは問題ではないということになる。

本学（日本電子専門学校）では、情報および情報技術に関する学科には、情報処理科、情報システム開発科、高度情報処理科、ケータイ・アプリケーション科、AI システム科がある。そこで目指される資格は、基本情報技術者、応用情報技術者、データベーススペシャリスト、オラクル認定 Java プログラマなどである。そのための教育として、プログラミング言語の基礎の基礎レベルから講義で説明を行い、実習で検証する。さらに実習終了後の講義で実習の結果を検証するということを徹底して行っている。

特に本学において特徴的な教育は、一部の学科（ケータイ・アプリケーション科、AI システム科）ではあるが、ノートパソコンを一人ひとりの学生に配布貸与を行い、学内でも自由に持ち歩き可能とした。これによって実習のための教室を用意せずに一連の授業が進められるようになった。基礎的な内容を講義で説明した後に、実習で検証を行い、さらに講義で再確認するという流れが、ノートパソコンを常に生徒が携帯しているので教室から実習室へと移動するための時間の経過もなく説明の直後に検証が可能になった。

検定や資格の必要性

しかし、情報教育のなかには特定の検定や資格に直結しない、あるいは直結させる必要のない分野も存在する。

本学の教育課程でいえばグラフィックデザイン科などの芸術性の高い分野である。学生は、フォトショップやイラストレーターなどグラフィック作成用のソフトウェアの使い方を習得はするが、使い方を習得しても作品がつくれるわけではない。これらの分野に共通するのは技術の習得を超えたいわばセンスに関わる分野であって、それらは一定の基準あるいは規範といった物差しで測ることのできない分野といえよう。

一定の基準や規範で測れないという性質は、資格や検定とは相いれないものである。特定の分野における知識、技術の習得を目的とする職業教育だけでは、いい作品の作成者になるわけではない。

学科の連携

　もちろん、学校である以上はクラスや各種行事があり、それは他学科との交流の場であり機会にもなっている。クラスや学科外の友達が増える以外にも、学科を横断して得意分野を持ち寄り、各種の大会やコンテストに出場して一定の成果を収めている例もある。

　国際技能競技大会（通称、技能五輪）に出場した学生グループが学科を横断して結成されたこともある。Web 分野の競技では、Web ページを制作するだけでなく、サーバサイドの制作も含まれる。そのためデザインの学科だけではプログラミングまでつくりきれない部分が出てしまう。このような部分を補完するかたちで、サーバの構築などの授業を行っている学科の学生がサポートする体制で大会に臨んでいる。残念ながら、国際大会では目立った成績は収められていないが、国内大会では 1～3 位を独占するなどの好成績を残している。

　就職につながる職業教育という側面からでは、次のような学科を横断する連携の事例もあった。

　本学では、東京ゲームショウにゲーム関連の学科が毎回出展しているが、ゲーム企画の学生が iPad を使う音楽ゲームを考案した。だが、彼のスキルではその先のプログラミングがうまくできなかった。そこで、ケータイ・アプリケーション科の教室に来て、「だれかゲームのプログラムをつくってくれる人いませんか？」と呼びかけ、呼びかけに応じた学生と共同作成することで東京ゲームショウに出展できた。そのアプリケーションは来場者から高評価という実績もつくった。このゲームを企画した学生は就職試験に「こんなゲームをつくりました」と iPad 持参で行き内定を得た。今では上場企業で 1000 万円の年収を得ている。

情報分野の専門学校の特徴

　学生が専門学校に入学するタイミングの内訳は、高等学校卒業直後、大学中退や卒業後、就職経験後、留学生の入学とさまざまだが、中退者も含めると大学の工学部や商業高校および工業高校でプログラミング教育を経験済みの入学者も多数いる。大学や高等学校とのコンピュータの環境の違いもあるだろうが、入学当初から慣れた感じも出さず真面目に取り組む学生が多い。

　最近では、フリック入力は早いがキーボードは触ったこともないという学生もいる。商業高校などでプログラミングを経験した者と、スマートフォンしか触ったことがない未経験者との間で差がつくかと観察すると、顕著な差があるのは最初の夏休みくらいまでで、そこからは個人の復習や各種の資格試験、検定試験に挑戦した学生の実力がついていく傾向がある。

　プログラミング経験者の学生に、いままで受けた教育と専門学校のプログラミング教育との差は何かと質問すると、専門学校ではプログラミングの制作数が圧倒的に多いとの回答を得る。この制作数の経験が、専門学校の特徴であるといえる。

情報分野の専門学校は、解法や定理を勉強するための専門性ではなく、プログラミングや Web といった技術の下支えを専門にする職業訓練の学校であると考えられる。

（川田　一寿）

第３部

高等学校における商業教育

第7章
「アクティブ・ラーニング」における
教科「商業」の課題と可能性

Ⅰ　はじめに

　2018年改訂の新しい学習指導要領では、「主体的・対話的で深い学び」（アクティブ・ラーニング）が重視されている。高等学校の商業教育においては、資格取得指導に偏った授業が多いという現状があり、アクティブ・ラーニングが十分に推進されているとはいいがたい。しかし、ビジネスという現実社会での営みについて学習する教科「商業」には、アクティブ・ラーニングにおけるさまざまな優位性や可能性があると考えられる。それを活かし、アクティブ・ラーニングを充実させることによって、教科「商業」は新しい道を切り拓くことができるのではないだろうか。

　本章においては、前半でアクティブ・ラーニングにおける教科「商業」の課題および優位性や可能性について述べ、後半では筆者が実際に行ったアクティブ・ラーニングの実践事例を紹介したい。

Ⅱ　アクティブ・ラーニングとは

(1) アクティブ・ラーニングの成立とその変遷

　アクティブ・ラーニングは、1980年代にアメリカの大学で大衆化による学生の多様化が進み、従来の一方向的な知識伝達型講義が困難になったことを背景に提唱された学習論である。つまり、「教員から学生・生徒へ」「知識は教員から伝達されるもの」などを特徴とする「教授パラダイム」から、「学習は学生・生徒中心」「学習を産み出すこと」「知識は構成され、創造され、獲得されるもの」とする「学習パラダイム」への転換を推進するものとして登場した[1]。

しかし、その後、アクティブ・ラーニングの目的は変化していく。近年、世界の国々が「キーコンピテンシー[2]」や「21世紀型スキル[3]」といった従来の学力には収まりきらない資質・能力、例えば「問題解決力」「コミュニケーション力」「創造性」などを育成し始めるようになった。この現象は、初等教育から高等教育・職業教育に至るまで、先進諸国に共通してみられるが[4]、そのような動きのなか、アクティブ・ラーニングの目的は伝統的な知識伝達型講義からの脱却だけでなく、仕事・社会へ向けた資質・能力の育成へと変化していった。

　また、アクティブ・ラーニングが広まっていくなか、活動主義や形式主義に陥った授業、いわゆる「活動あって学びなし」などと批判される授業が問題視されることが増えてきた。そこで注目されるようになったのが「ディープ・アクティブラーニング」である。これは、「学生が他者と関わりながら、対象世界を深く学び、これまでの知識や経験と結びつけると同時にこれからの人生に繋げていけるような学習」と定義されるが[5]、最も重要なのは、「ディープ」という言葉が冠されていることからもわかるように、外的活動における能動性だけでなく内的活動における能動性も重視した学習という点である[6]。新しい学習指導要領の答申においても、アクティブ・ラーニングが「主体的・対話的で深い学び」と表現され、「深い学び」という視点も加わった。

(2) アクティブ・ラーニング型授業と商業科目

　アクティブ・ラーニングには、さまざまな定義がある。ここでは、図表7-1を用いて、アクティブ・ラーニング型授業とはどのようなものかを確認したい。
　溝上によると、授業の形態は「伝統的授業」と「アクティブ・ラーニング型授業」の2つに大別でき、前者はさらに「講義型」と「講義中心型」、後者は「講義＋アクティブ・ラーニング型」と「アクティブ・ラーニング中心型」に分類される。商業の科目に即していえば、例えば、「ビジネス基礎」で教員が一方的に説明し、生徒がそれを聴くだけという授業は「講義型」に該当する。また、「簿記」の授業で教員が講義をした後に、生徒が練習問題に取り組むという授業は「講義中心型」に該当する。これらはともに「伝統的授業」であり、「アクティブ・ラーニング型授業」とはいえない。つまり、聴く・書くだけで

図表 7-1　アクティブ・ラーニング型授業の位置づけと類型

授業の形態・類型		授業の特徴
伝統的授業	講義型	教員から学生・生徒への一方向的な知識伝達型講義。教員主導。
	講義中心型	話す・発表するといった活動はないが、コメントシート等を用いた教員―学生・生徒の双方向性を組み込んだ講義中心の授業。教員主導。
AL 型授業	講義＋AL 型	どちらかといえば教員主導であるが、講義だけでなく、学生・生徒の書く・話す・発表する等の活動も組み込んだ授業。
	AL 中心型	徹底的に学習パラダイムに基づいた学生・生徒主導の授業。

注：AL は「アクティブ・ラーニング」を指す。
出所：溝上（2016b）11 ページをもとに作成。

はなく、話す・発表するなどの活動を取り入れない限り、「アクティブ・ラーニング型授業」にはならない。アクティブ・ラーニングとは、話す・発表するなどの活動によって、頭のなかにあることを外に出すこと、「外化」を重視した学習である[7] ことを理解しておく必要がある。

Ⅲ　教科「商業」の現状と課題

　ところで、教科「商業」におけるアクティブ・ラーニング型授業の実施状況はいかなるものであろうか。残念ながら、現時点ではその実施状況を明らかにできるデータはほとんどない。そこで、ここでは、アクティブ・ラーニングを含めた教科「商業」の授業全体の現状や課題について述べていきたい。

　現状の教科「商業」の授業においては、資格取得指導へ偏ったものが蔓延している現実がある。例えば、全国商業高等学校長協会が全国の商業高校の校長に実施したアンケート調査によると、回答 84 校中 52 校で、資格取得へ偏った教科指導が課題として挙げられており、資格取得を目的として指導する教員がいることや合格するための指導に陥りがちであること等が指摘されている[8]。この回答に示されているような授業は、図表 7-1 の講義型や講義中心型の伝統的授業であるといってよいであろう。したがって、このような授業では、発展的な学力が育たないことはいうまでもなく、資格取得のための知識や技能の習得など、ごく限られた資質・能力しか育成できないのではないだろうか。

ところで、2009年改訂の学習指導要領では、教科「商業」には20科目が存在していたが、教育現場では、それらを「資格取得のための科目」と「そうでない科目」に峻別する傾向があった。「資格取得のための科目」では先述したようにアクティブ・ラーニング型授業はほとんど実施されず、「商品開発」や「電子商取引」などの「そうでない科目」のなかでは実施されることもあった。このように学習形態によって科目を峻別することに関して、溝上は「もはや、知識を習得する時間は講義科目、知識を活用・理解を表現する科目は演習科目といった峻別自体が旧時代的であると言えるかも知れない。知識の習得と同時に、知識の活用、理解の表現、問題解決もおこなう。この組み合わせこそがいま求められる学習形態である[9]」と述べている。すなわち、教科「商業」においても、「資格取得のための科目」と「そうでない科目」に峻別するような意識を変え、すべての科目を「講義＋アクティブ・ラーニング型」もしくは「アクティブ・ラーニング中心型」の授業へと改善していく必要があるといえるのではないだろうか。

　さらに、先にみたアンケート調査の「生徒の学習意欲を高める方策として、効果が上がると考えられるものを2つ選んでください」という質問に対する回答をみると、「課題解決型・探求型の授業により、生徒の主体的な学習活動を促す」（回答数28）が最も少ない。これに対し、資格取得指導を前提としていると思われる「生徒に絶えず目標を意識させ、小テストや宿題を適切に課しながら継続的学習に導く」（回答数51）、「生徒がすっきりと理解できるような、分かりやすい授業を展開する」（回答数44）などの回答が多い[10]。この結果から、教科「商業」においては、アクティブ・ラーニングの視点からの授業改善に対する意識が低い傾向を読み取ることができるのではないだろうか。

Ⅳ　アクティブ・ラーニングにおける教科「商業」の優位性・可能性

　これまで述べてきたように、現状の教科「商業」におけるアクティブ・ラーニングの推進は十分ではない。しかし、筆者は、教科「商業」はビジネスという現実社会での営みについて学習するという独自性をもっているため、他教科に比べてアクティブ・ラーニングにおける優位性や可能性があると考えている。

ここでは、そのことについて述べていきたい。

(1)「真正の学習」に関する優位性・可能性

　「真正の学習」とは、社会や生活における本物の活動、またはその本物の本質的な要素をもった活動のことであり、高次な学力を育成するために必要なものの1つといわれている。図表7-2は、その高次な学力も含めた教科で育成を目指す学力・学習の質を構造化したものである。

　石井はこの学力・学習の質の3つのレベルの相互関係について、「『知っている・できる』レベルの課題が解けるからといって、『わかる』レベルの課題が解けるとは限らないし、『わかる』レベルの課題が解けるからといって、『使える』レベルの課題が解けるとは限りません[11]」と述べている。そして、3層の最も外側に位置する「知識の有意味な使用と創造」、つまり、「使える」レベルの学力を育成するためには、「真正の学習」が必要であることを強調している。

　教科「商業」は、その学習内容が現実社会のなかで営まれているビジネスであるため、他教科に比べ、この「真正の学習」を取り入れやすいと思われる。したがって、教科「商業」はその優位性を活かし、高次な学力を育成できる可

図表7-2　学力・学習の質の構造

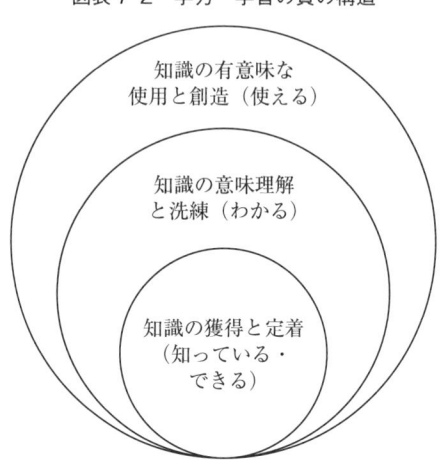

出所：石井（2015）22ページをもとに作成。

能性をもっているといえるのではないだろうか。

(2) 実践力などの高次な資質・能力の育成に関する優位性・可能性

　また、これからの時代に求められる資質・能力には次のようなものも挙げられている。図表 7-3 は、国立教育政策研究所が示した「21 世紀に求められる資質・能力の構造一例」である。

　ここで注目したいのが、最も外側に位置づけられている「未来を創る（実践力）」である。この「未来を創る（実践力）」の具体的なイメージは、「生活や社会、環境の中に問題を見いだし、多様な他者と関係を築きながら答えを導き、自分の人生と社会を切り開いて、健やかで豊かな未来を創る力[12]」とされている。変化が激しく、答えが 1 つではない社会において、問題を発見し、協働して解決していく力は大変重要になる。このような資質・能力を育成するためには、現実社会の課題を他者とともに解決するといった学習が必要である。そのなかでも、「ビジネスを通じて社会課題を解決する」「企業の活動によってより良い社会を創っていく」という題材による学習は、高次な資質・能力の育成を目指すことができるだけでなく、生徒に親近感や興味・関心を抱かせやすい。

図表 7-3　21 世紀に求められる資質・能力の構造一例

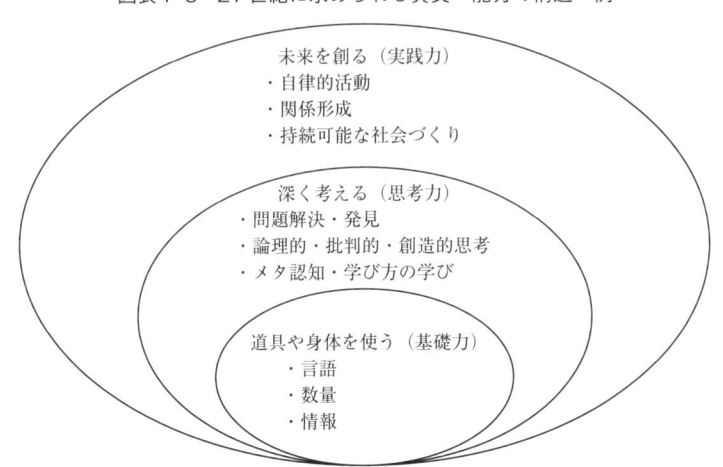

出所：松尾・福本・後藤・西野・白水（2016）191 ページをもとに作成。

近年、普通科の高等学校も含め、「総合的な学習の時間」などにおいて、このようなビジネスによる社会課題の解決を題材としたアクティブ・ラーニング型授業が増えている。例えば、国際的なグローバルリーダーの育成を目指す文部科学省のスーパーグローバルハイスクール (SGH) においても、世界の貧困問題を解決するビジネスや地元の生物資源を活用したビジネスなど、ビジネスによる課題解決を題材とした学習に取り組んでいる学校も多い。このような動向を踏まえると、教科「商業」は、実践力などの高次な資質・能力の育成に適した教科であり、大きな可能性をもっているといえるのではないだろうか。

(3)「レリバンス」に関する優位性・可能性

　ところで、高次な資質・能力の育成に必要とされるものには、先述の「真正の学習」のほかに「レリバンス」もある。「レリバンス」とは「有意性」「関連性」などと訳されるが、学校教育がさまざまな側面についてどのような意義をもちうるかを表す概念のことである[13]。石井は「知識を活用したり創造したりする力といった、現代社会が求める高次な認知的能力の育成については、『総合的な学習の時間』と関連付けながら、特に中等教育においては『レリバンス (relevance)』（学ぶ意義や有効性）をより意識しながら、教科学習のあり方を問い直していくことが求められる[14]」と述べている。つまり、高次な資質・能力はそれらを直接指導すれば育成できるというわけではなく、生徒が深く思考したくなる動機、すなわち「レリバンス」に即した内発的動機をもたせた学習内容を通じて、はじめて身につくといえるのである。

　次に、教科「商業」を学習する生徒たちの「レリバンス」について考えていきたい。ここに、興味深い2つの研究がある。

　1つ目は、本田の研究である。本田はさまざまなデータを用いて、高等学校では商業系や工業系などの専門学科において、「職業的レリバンス」、つまり、職業に対する学校教育の有意性が高いという結論を導き出した[15]。

　2つ目は、伊藤の不本意入学者に関する研究である。そのなかで、伊藤は専門高校への不本意入学者は、同ランクの普通科高校への不本意入学者に比べ、学習内容の将来への「レリバンス」を認知している傾向があることを見出している[16]。

これらの研究結果から、教科「商業」には、「レリバンス」、つまり、学ぶ意義や職業に対する有意性を高める効果があり、それを活かして高次な資質・能力を育成できる可能性をもっていると考えられる。しかし、石井が述べているように、この「レリバンス」を十分に活かすことができるような教科学習のあり方を問い直していくことが必要なのではないだろうか。

　次に、教科「商業」において、筆者が「真正の学習」「実践力などの育成」「レリバンス」などを意識しながら行った授業実践について述べることにする。

V　アクティブ・ラーニングの実践事例

　教科「商業」は、これまで述べてきた「真正の学習」「実践力などの育成」「レリバンス」などに関する優位性や可能性を活かし、アクティブ・ラーニングを充実させるべきである。ここでは、その3つの要素をもれなく含んだ「クエストエデュケーション」という学習プログラムの実践事例を紹介する。

(1) クエストエデュケーションとは

　筆者は、「課題研究」や「マーケティング」の授業で、「クエストエデュケーション」という学習プログラムを11年間実践してきた。この学習プログラムは、実在の企業や人物を題材に、答えのない課題に取り組むものである。

　2005年から始まったこの学習プログラムは、生徒たちが主体的・協働的に探究しながら学ぶアクティブ・ラーニングの先駆けといえると思う。毎年、全国の150校を超える中学校・高等学校・大学で導入されている。企業を題材にした「企業探究コース（コーポレートアクセスコース）」、先人の人生を題材にした「進路探究コース（ロールモデルコース）」、身近な社会課題を題材にした「社会課題探究コース（ソーシャルチェンジ）」という3つのコースがある。

(2) 企業探究コース（コーポレートアクセスコース）

　筆者が「課題研究」や「マーケティング」の授業に取り入れたのは「企業探究コース（コーポレートアクセスコース）」である。このコースは24コマの授業で構成されているが、筆者は3単位の「課題研究」の授業で、70〜80コマとい

う長い時間をかけて実施したこともある。

　このコースでは、生徒たちは実在する企業のインターンとなり、チームでさまざまな活動に取り組む。インターン先は大手企業が多く、2017年度はNTTドコモ、クレディセゾン、大和ハウス、テレビ東京、パナソニック、富士通の6社であった。ここではその概要を紹介しながら、高等学校の商業教育にも取り入れるべきポイントについて述べていきたい。

　① **フィールドワークやアンケート調査に取り組む**　　前半は、フィールドワークやアンケート調査などにチームで取り組み、それぞれの企業について学習する。その際、インターネットで調べるだけでなく、教室の外へ出て学習することを重視している。

　フィールドワークでは街へ出て、その企業の商品やサービスを探したり、店舗で働く方々にインタビューしたりする。アンケート調査ではその企業の事業・商品・サービスなどに対する人々の意識を調べる。これも校内で実施するだけでなく、街頭で一般の方々に声をかけて調査する。フィールドワークやアンケート調査では、どの生徒も大変緊張するようである。例えば、企業にアポイントメントの電話をかけたり、駅前で一般の方々に声をかけたりするとき、声や手足を震わせるほどである。そして、アポイントメントやアンケート調査が取れた、取れなかったと一喜一憂する。また、自分の所属する企業に対する一般の方々の生の声を聞くことにより、インターンとしての自覚が一層強くなり、企業の一員として何をすべきかを考え始める。

　社会における本物の活動、すなわち、「真正の学習」を通して、生徒たちは自分事として学習するようになる。

　② **ミッションに取り組む**　　後半は、それぞれの企業から出されるミッション（課題）にチームで取り組む。どのミッションも1つの正解があるような内容ではなく、大人たちが考えても難しいものである。例えば、2017年度のミッションには次ページのようなものがあった[17]。

　どの企業のミッションも熟考を重ねてつくられており、生徒たちが主体的に深く学ぶためのしかけや工夫が含まれている。例えば、ミッションのなかには、「これからの家族の幸せ」や「本物のつながり」といった価値や概念を取り入れ、生徒たちが主体的に深いところまで探究するように工夫されている。この

・NTT ドコモからのミッション
「一人ひとりを見つめ“本物のつながり”をカタチにした社会課題解決プロジェクトを提案せよ！」

・クレディセゾンからのミッション
「人類を一歩進化させる新しい技術と考え方を活用したクレディセゾンらしいプロジェクトを提案せよ！」

・大和ハウスからのミッション
「人々が生きる土台を育む大和ハウスの世界進出プロジェクトを提案せよ！」

・テレビ東京からのミッション
「人間の勇気を掘り起こすテレビとネットの枠を超えたありえへん∞メディアを提案せよ！」

・パナソニックからのミッション
「これからの家族の幸せをつくり出すパナソニックの新商品を提案せよ！」

・富士通からのミッション
「未来のデジタル社会で人間が人間らしく生きるために欠かせない富士通の新サービスを提案せよ！」

ように生徒たちが主体的に深く学ぶことができるような課題をデザインすることは大変重要であり、これからの教員にはそのセンスや技術が求められるだろう。

ミッションを受けた生徒たちは、ブレインストーミング[18] の方法などについて学習しながら、チームで話し合いを繰り返し、自分たちの答えを探究していく。ここで重要となるのが、教員のファシリテーションである。ファシリテーションとは、企業での会議や学校での学習において人々の活動が円滑に行われるように支援することであり、それを担う人をファシリテーターという。この学習プログラムでは、教員はファシリテーターという位置づけで、生徒たちの学びを支援するが、答えは教えないことになっている。他校の教員から、

「この学習プログラムを実践するうえで難しいことは何ですか」と質問されることがあるが、「教員がファシリテーションを行うことだと思います」と答えている。教えることに慣れてしまっている教員がファシリテーターに徹するのは簡単なことではなく、大きな意識改革が必要となる。しかし、生徒たちに主体的に学ばせるためには、教員がファシリテーションを実践し、その技術を向上させていくことが重要である。

　ファシリテーション技術にもさまざまなポイントがあるが、この学習プログラムで特に大切にしていることは「信じること」や「承認すること」である。例えば、生徒たちの学習が停滞したり、失敗したりすることはしばしばあるが、そのようなときも、教員は生徒の可能性を信じて見守り続けるべきである。生徒たちに粘り強く学ばせるためには、教員自身も粘り強くなることが必要であり、簡単に答えを教えたりしてはならないのである。また、生徒のなかには自分で考えることに自信がもてず、それを表現することをためらう者も多くいる。そこで、教員が生徒たちを承認するという姿勢が大切になってくる。

　また、この授業には企業の方々が参加することもある。企業の方々も「先輩社員」としてファシリテーションを大切にしながら、生徒からの質問に答えたり、一緒に考えたりする。企業の方々と接することによって、生徒たちはモチベーションを高め、さらに主体的に学習を進める。

　③　プレゼンテーションをする　　最後に、いよいよチームでつくり上げた企画をプレゼンテーションする。生徒たちは自分たちの考えをより効果的に伝えるため、寸劇を取り入れたり、模型を作成したりするなど、さまざまな工夫をする。そして、本番直前まで何度も発表の練習を繰り返す。プレゼンテーションは自分たちの考えを伝え、他のチームの多様な考えを知り、その考えを発展させる貴重な場である。学校によっては、授業内だけでなく、全校発表会や地域の合同発表会など、その規模を拡大して開催するところもある。また、毎年２月には「クエストカップ全国大会」が開催される。そこに出場することができたチームは、企業の方々や専門家をはじめ、全国から集まった多数の人々の前でプレゼンテーションする。企業の方々や専門家から評価してもらうことによって、生徒たちの学びは一層深まっていく。

　これまで、さまざまな学校の生徒たちのプレゼンテーションをみてきたが、

いまだに忘れられない光景がある。筆者が勤務する埼玉県では、商業の授業でクエストエデュケーションに取り組んだ生徒たちの合同発表会を開催しているが、そこには、教育困難校と呼ばれる高等学校の生徒たちも参加する。あるとき、そのような高等学校の生徒たちがプレゼンテーションを行ったのだが、十分な学習ができていなかったようで、ひどい発表になってしまった。しかし、プレゼンテーションの最後、その生徒たちが会場にいた授業担当の先生に向けて、「先生！私たちにもっと時間をください！」と大声で叫んだのである。勉強があまり好きではないと思われる生徒たちが、大勢の大人たちの前で、「私たちももっと学びたいんだ！」と心から叫んだこの光景はいつまでも忘れられない。

(3) 生徒たちの成長

　生徒たちは楽しみながら、時には苦しみながら、この学習プログラムに取り組んでいる。商業の他の授業ではあまり経験することがない「自分で考えること」「チームで取り組むこと」「何かを創造すること」「自分の考えを表現すること」などに試行錯誤しながらも、生徒たちは成長していく。成長の度合いや過程は生徒によってさまざまであるが、どの生徒も「主体性」「創造力」「コミュニケーション力」「課題解決力」「プレゼンテーション力」「粘り強く学び続ける力」など、これからの時代に必要な資質・能力を高めていく。

　また、この学習プログラムでは、教科「商業」のさまざまな科目で学んだことを実際に活用する場面が多くある。例えば、「マーケティング」で学んだ知識を活かして企画を考えたり、「情報処理」で学んだ技能を活かしてアンケート調査の結果を処理したり、「ビジネス基礎」で学んだビジネスマナーを活かして外部の方々と接したりする。教科「商業」のさまざまな科目で習得した知識や技能を実際に活用することによって、それらは先述の図表7-2の「知識の有意味な使用と創造」、つまり「使える」レベルの学力になっているといえるのではないだろうか。反対に、生徒たちが主体的に活動していくなかで、まだ教わっていない知識や技能を自ら習得していくこともある。例えば、プレゼンテーション資料を熱心に作成するなかでソフトウェアの操作方法を自分の力で理解し、身につけていく。また、アンケート調査で一般の方々と接するなかで、

大切なビジネスマナーに自ら気づく。このような学び方は他の授業ではあまりみられないことである。

そして、この学習プログラムに取り組んでいくなかで、生徒は「ビジネス」「企業」「働くこと」などに対する興味や関心を高めていく。また、チームで協働していくなかで、自分の好きなことや得意なことに気づくこともある。さらに、社会課題の解決について本気で考えるという経験をすることによって、自分たちの力で社会や未来を創っていくという高い意識をもつようになると思われる。そして、これらはキャリア形成へと繋がっていく。

何よりも大きな成長は、それまでは資格取得を目的とした授業などで受動的に学ぶことが多かった生徒たちが、主体的に学ぶことの意義を見出すことである。主体的に学び始めた生徒たちは、「もっと考えたい」「より良い答えをみつけたい」と前向きに学ぶように変容し、探究していくなかで、自分たちで新たな問題を発見し、それを解決することを繰り返しながら粘り強く学び続けるようになる。このような経験をした生徒たちは、その後の学校生活や人生においても主体的に学び続けることであろう。

最後に、これまでの生徒の取り組みのなかから1つの事例を紹介したい。あるチームが大和ハウスの「人と街の魅力を最大化する"日本の街"再生プランを提案せよ！[19]」というミッションに取り組んだ。人口減少や少子高齢化の課題を抱える埼玉県小川町を再生するため、町の伝統産業である「和紙」を中心に、町と大和ハウスが連携し、若い家族を呼び戻す企画を考えた。その内容は「子どもが誕生すると、町が和紙の原材料であるコウゾの苗をプレゼントする。家族で育てたコウゾの成木を町が大和ハウスへ売却し、その収益で街づくりを進める。大和ハウスはコウゾから和紙を作り、それを活用した家づくりをする」というもので、この年のクエストカップ全国大会に出場することができた。このチームの注目すべき点は、クエストカップ全国大会出場が決定した後も主体的に探究を続け、さらに深く学習したことである。自ら小川町へフィールドワークに行き、伝統工芸会館で和紙作りを体験し、シャッター通りとなった商店街を調査した。その後、その調査結果をもとにチームで考え続け、先述したような企画をつくり上げていった。その主体的に探究し続けた姿は今でも忘れられない。

溝上はアクティブ・ラーニングでは「学生は、組織的に設定された最低限の目標に到達するのみならず、それを越えて、また教授パラダイムの枠を越えて、個性的に学習成果をあげることが期待される[20]」と述べている。このチームも、教員が設定する目標を大きく越え、主体的に学習したといえよう。

Ⅵ　おわりに

　これまで述べてきたように、「真正の学習」「実践力などの育成」「レリバンス」などに関して、教科「商業」は他教科に比べて優位性や可能性をもっているといえるのではないだろうか。したがって、教科「商業」がそれらを十分に活かし、アクティブ・ラーニングを充実させることができれば、より高次で多様な資質・能力を育成できるであろう。さらにいえば、「総合的な学習の時間」のように、横断的・総合的な学習を担うこともできるのではないだろうか。つまり、アクティブ・ラーニングが重視されるこれからの時代に、教科「商業」はイニシアティブを発揮できる可能性があるということである。

　しかし、現状をみると、その優位性や可能性を十分に活かしているとはいえない。資格取得のための知識や技能、教科書に載っている知識だけを習得させる授業が多く、生徒に社会との繋がりを感じさせたり、より良い社会を創りたいと思わせたりするような授業はまだまだ少ない。今、教科として学習のあり方を問い直す好機であるといえるのではないだろうか。

【注】
1) 溝上（2016a）16-18 ページ。
2) OECD の DeSeCo（Definition and Selection of Competencies）が提唱する資質・能力。「思慮深さ（反省性）」を核心として、「相互作用的に道具を用いる（A 言語、シンボル、テクストを相互作用的に用いる　B 知識や情報を相互作用的に用いる　C 技術を相互作用的に用いる）」「異質な集団で交流する（A 他者とうまく関わる　B 協働する　C 紛争を処理し、解決する）」「自律的に活動する（A 大きな展望のなかで活動する　B 人生計画や個人的プロジェクトを設計し実行する　C 自らの権利、利害、限界やニーズを表明する）」によって構成されている。
3) ATC21S（Assessment and Teaching of 21st Century Skills）が提唱する資質・能力。「創造性とイノベーション」「批判的思考、問題解決、意思決定」「学び方の学習、メタ認知」「コミュニケーション」「コラボレーション（チームワー

ク）」「情報リテラシー」「ICT リテラシー」「シチズンシップ」「人生とキャリア発達」「個人の責任と社会的責任」によって構成されている。

4）松下（2010）ⅱページ。
5）松下（2015）23 ページ。
6）松下（2015）18-19 ページ。
7）溝上（2016b）8 ページ。
8）全国商業高等学校長協会（2013）33 ページ。
9）溝上（2016b）10 ページ。
10）全国商業高等学校長協会（2013）6 ページ。
11）石井（2015）24 ページ。
12）松尾・福本・後藤・西野・白水（2016）191 ページ。
13）本田（2004）30 ページ。
14）石井（2015）13 ページ。
15）本田（2004）29 ページ。
16）伊藤（2010）48 ページ。
17）教育と探求社（2018）5-10 ページ。
18）アレックス・F・オズボーン（Osborn, Alex F.）によって考案された会議方法。結論厳禁、自由奔放、質より量、結合改善というルールのもと、自由に多様なアイデアを出し合う。
19）教育と探求社（2011）5 ページ。
20）溝上（2016a）22 ページ。

【参考文献】
石井英真（2015）『今求められる学力と学びとは―コンピテンシー・ベースのカリキュラムの光と影―』日本標準。
伊藤秀樹（2010）「不本意入学者と専門教育のレリバンス」ベネッセ教育総合研究所編『都立専門高校の生徒の学習と進路に関する調査』ベネッセ教育総合研究所。
教育と探求社（2011）『QUEST CUP 2011（パンフレット）』教育と探求社。
教育と探求社（2018）『QUEST CUP 2018（パンフレット）』教育と探求社。
全国商業高等学校長協会（2013）「思考力・判断力・表現力等を伸ばす商業教育の推進　そのⅠ―商業教育の質の向上を目指して―」全国商業高等学校長協会 HP（http://www.zensho.or.jp/）、2018 年 1 月アクセス。
本田由紀（2004）「高校教育・大学教育のレリバンス」大阪商業大学 JGSS 研究センター HP（http://jgss.daishodai.ac.jp/）、2018 年 1 月アクセス。
松尾知明・福本徹・後藤顕一・西野真由美・白水始（2016）「21 世紀に求められる資質・能力とは？」国立教育政策研究所編『資質・能力［理論編］』東洋館出版社。
松下佳代（2010）「まえがき」松下佳代編『〈新しい能力〉は教育を変えるか―学力・リテラシー・コンピテンシー―』ミネルヴァ書房。
松下佳代（2015）「ディープ・アクティブラーニングへの誘い」松下佳代・京都大

　学高等教育研究開発推進センター編『ディープ・アクティブラーニング—大学授業を深化させるために—』勁草書房。

溝上慎一（2016a）「アクティブラーニング論の背景」溝上慎一編『高等学校におけるアクティブラーニング—理論編—（改訂版）』東信堂。

溝上慎一（2016b）「大学教育におけるアクティブラーニングとは」溝上慎一編『高等学校におけるアクティブラーニング—理論編—（改訂版）』東信堂。

（小林　宏）

シティズンシップを培う日経 STOCK リーグ教育実践

株式シミュレーション型学習との出会い

　筆者が 1990 年に大分県教員に採用され 28 年が経過した。1997 年夏に文部省（当時）の商業教育に関する指導者研修に参加し、はじめて東京証券取引所を見学した。その研修で、日本証券業協会、東京証券取引所との共催で 1996 年度より本格的に実施され始めたばかりの「株式学習ゲーム」について学んだ。アメリカの学校教育現場で約 30 年の実績をもつ Stock Market Game をモデルにした、今も続く日本版の株式シミュレーション型教材である。

　仮想所持金（1000 万円）をもとに実際の株価に基づいて模擬売買を行うことで、現実の経済や株式市場を生きた教材にでき、経済の仕組み、社会の動きなどを体験的に学習できることに〔日本証券業協会 HP（http://www.jsda.or.jp/）、2018 年 1 月アクセス〕、直感的に大きな意義と可能性を感じた。以来、授業に株式シミュレーション型学習を活用し、21 年が経過した。

日経 STOCK リーグとは

　日本経済新聞社が、2000 年に中・高・大学・専門学校を対象としたコンテスト形式の株式投資学習プログラムであり、2017 年度で 18 回目（2017 年度参加チーム 1832・参加生徒 7180 名）〔日経 STOCK リーグ HP（https://manabow.com/sl/）、2018 年 1 月アクセス〕となり、「知的好奇心の甲子園」とも呼ばれ、「ポートフォリオ構築」と「レポート作成」に大きな特徴をもつ株式投資学習プログラムである。

　筆者は、第 5 回大会（2004 年度）に初参加以来、学校種の異なる 3 校で課題研究やビジネス経済系の授業で生徒と参加している。第 7 回・第 10 回大会で最優秀賞受賞（第 9 回高校部門賞）を受賞し、生徒とニューヨーク研修に 2 度派遣していただいた。世界金融経済の中心、ニューヨークで最先端の金融教育を学ばせていただくなか、教育者として 1 つの大きな気づきがあった。それが「シティズンシップ」の意義と可能性である。

シティズンシップ教育

　CE（シティズンシップ教育）とは、市民性、すなわち市民として必要な素養を育てる教育である。日本では、2006 年に経済産業省「シティズンシップ教育と経済社会での人々の活躍についての研究会」が報告書とその概要をまとめた「シティズンシップ教育宣言」が始まりとなり〔小玉重夫（2015）「第 8 回変わる高校教育―シティズンシップ教育―」『河合塾 Guideline2015 年度 11 月号』〕、最近では「18 歳選挙権」の実現や新必履修科目「公共」の設置、道徳教育の教

科化、地方創生の実現に向けた学校協働の推進、地域問題解決学習の広がりなど、学校教育にとどまらず社会教育施設やNPOといったさまざまな担い手により、CEに関わる実践が推進されるようになってきた〔J-CEF日本シティズンシップ教育フォーラムHP（http://jcef.jp/）、2018年1月アクセス〕。

CS（シティズンシップ）は、「世界標準の生きる力、生き抜く力」であり、「CSを身につけ、たくましく社会で生きていける児童・生徒の育成を目指すこと」が学校教育におけるCEの理念であると考えている〔衞藤準（2011）「シティズンシップを身に付けたくましく社会で生きていける生徒の育成─金融（株式）教育における投資シミュレーション型学習導入の効果的指導研究を通して─」『ファイナンシャル・プランニング研究 NO. 11』日本FP学会〕。

シティズンシップ教育と日経STOCKリーグの活用

CE推進には、金融経済活動分野の充実が不可欠である。社会に主体的に参画できる行動力、自立と自律する力を身につけるためには、同分野の学習は欠かせないからである。特に、「価値判断力」「調査・コミュニケーション」「意思決定力」等を磨く探求型学習機会がきわめて重要である。

金融経済活動において株式学習は欠くことができない。初学者に対しても、短時間で金融経済について理解させるには、金融（株式）のシミュレーション型学習の活用が大変効果的であり〔衞藤、前掲稿〕、1年間を通してそれを学ぶことができる探求型学習プログラムとして日経STOCKリーグが最適であると考え、活用している。

日経STOCKリーグの実践

以下、本実践への筆者の指導内容および技法について、順を追って説明しよう。

(1) 金融リテラシー（グループ学習・問題基盤型学習）

筆者の実践はすべて正課の授業での指導である。毎年同じ環境（校種・学科・学年・科目・単位数（1〜3）・人数・学力等）ではなく、共通するのは、金融初学者の生徒たちへの「金融リテラシー（金融や起業の意義・魅力等）」と「探求活動」の基本的指導であるということのみである。

授業のみならず、授業外学習でのグループ学習や問題基盤型学習にできるだけ多くの時間を割き、その後のプロジェクト学習の質的向上に努める。

(2) 課題発見能力の育成・指導

次のステップが課題発見能力の育成である。(1)で培った力で、身近な気づきからマクロ的視点までを拾い上げ、「今（これから）の課題を発見」し、個人、さらにグループワークで思考・討議させ、まとめ・発表までさせる。

(3) 検証Ⅰ（アンケート調査・フィールドワーク）

授業外生徒や企業等へのアンケート、さらに休日等にも県内外フィールドワークを行い、より柔軟で論理的かつグローカルな視点を身につけられる体験型学習

に力点を置く。アクティブ・ラーニングの複合的かつダイナミックな展開が図れる場面でもある。

(4) 投資テーマの決定

上記、収集情報や活動等を授業にフィードバックさせ、KJ法やグループディスカッションを繰り返し各班の投資テーマを決定させる。目標達成の具現化へ個人と班別の取り組みと成果、評価の一体化に留意して指導を行う。

(5) 投資銘柄の選定（課題解決に向けて）

インターネットと会社情報、日本経済新聞や各種書籍、さらに、金融経済分野の外部講師招聘等により情報を収集し、投資銘柄選定を生徒が行う。適宜、班内での情報共有と整理・分析等をさせ、異なる目線でテーマへの均一性等の担保を協同して改善させる指導を行う。

情報や調査が十分でない点等は、個別企業へ直接質問させ、フィールドワークを含め、体験型学習を再度設定する。

(6) 銘柄の決定（ポートフォリオ構築）

各自の投資銘柄に関する情報を班内で発表させ、コンセンサスを得る。よりビジネスの場面を意識させ、テーマに沿った良い企業（銘柄）を選考させると同時

外部講師（ファンドマネージャー）　　　　　仮想通貨企業取材（東京）

卒業発表（金融専門家招聘）

に、各企業への投資配分の最適化を行う。

（7）まとめ（応募レポート作成）

1 年間の研究レポート作成を約 40 日間、全員で行う。本作業が最後の難関である。高校生にとっては 30 ページの論文作成はかなり高いハードルなので分担を明確にして、時間をかけ丁寧な指導を行う。

（8）卒業（年度末）発表【学習成果発表会・ゼミ内卒業発表】

本校では 12 月末に地域の大ホールで教育関係者等を招き、学習成果発表会を行う。そのなかで生徒が発表し、さらに 1 月末の卒業発表として投資業界の専門家を招聘し、各班のポートフォリオに関するプレゼン発表を総括していただき、1 年間の学習活動を締めくくる。

ま　と　め

毎年 STOCK リーグを経て、生徒たちがひとまわりもふたまわりも逞しく成長する。培ったのは単なる金融の知識やスキルではない。それは、上記プロセスのなかで、コミュニケーション能力を向上させ、主体的に課題をみつけ、調べ、考え、計画して行動できる人間的成長であり、得た知識を活用・創造し、それを表現できるようになった自信でもある。

CE の 3 要素である、①社会的および道徳的責任、②コミュニティ参加、③政治的リテラシー〔小玉、前掲稿〕に沿って、主体的に行動する力やまわりの人と協働して課題解決に取り組む力を培うことができると考える。世界に誇る日本版シミュレーション型株式学習プログラムに、世界中のより多くの若者が参画することを期待する。

※筆者は、「教諭・金融知力インストラクター」でもある

（衞藤　準）

第8章
マーケティング分野の変遷と授業実践の試み

Ⅰ　はじめに

　教科「商業」において、「マーケティング」の原形である科目「商事」がはじめて登場したのは 1956 年改訂学習指導要領であった。その後、1978 年改訂学習指導要領で科目名が「マーケティング」に変更され、2009 年改訂学習指導要領では、知識基盤社会の到来を受け、科目「商品開発」が新設されるなど、マーケティング分野の教育内容が見直され、その重要性が徐々に認識されるようになってきた。ところで、教科「商業」が対象とするビジネスとは、「商品の生産・流通・消費にかかわる経済的諸活動の総称[1]」であり、このビジネスの流れを円滑にするためにマーケティングは重要な役割を果たしているといえる。しかし、教科「商業」においては簿記や情報処理が教育の中心にあり、マーケティングへの関心は必ずしも高いとはいえない現実がある。また、座学だけの授業や検定試験対策を中心とした授業も多い。このような状態はかなり以前から続いており、各方面からその問題点を指摘されているが、改善の兆しがあまり感じられない。

　そこで本章では、教科「商業」におけるマーケティング分野の変遷を振り返り、マーケティング分野の学習の重要性を確認する。そして、筆者が取り組んできた1時間完結型のケーススタディ教材とグループ学習による授業実践を紹介しながら、マーケティング分野の授業改善の試みについて具体的に述べていきたい。

Ⅱ マーケティング分野の変遷

(1) 科目「マーケティング」の始まり

　1956 年改訂学習指導要領において、現在の「マーケティング」に該当する科目「商事」が新設された。当時は、マーケティングミックスやセグメンテーション、ターゲティング、ポジショニング (STP) が整理され、マーケティングが体系化されつつあった時代であったが、学習指導要領改訂の中心課題としてマーケティング導入の検討が重ねられ、科目「商事」が新設されることになった[2]。これは、世界で最も有名なマーケティングのテキストであるフィリップ・コトラー (Philip Kotler) の『マーケティング・マネジメント』初版本が発表される約 10 年前[3] のことであり、この時期に「商事」が必修科目[4] として教科「商業」に導入されたことは先進的なことであったといえる。

(2) 科目「商事」の変遷

　第 2 次世界大戦後、わが国は近代的な工業国となった。生産力が向上し、製品の大量生産が可能になったことで、それに見合う販売力が必要となりマーケティングが普及し始めた。1956 年改訂学習指導要領で導入された「商事」は、大規模製造業者の立場で体系づけられたマーケティングを、中小規模の商店に

図表 8-1　学習指導要領におけるマーケティング関連科目の変遷

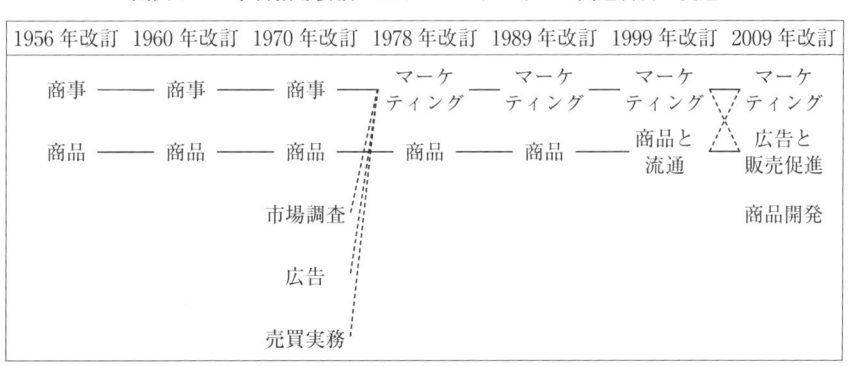

出所：日本商業教育学会編（2011）188 ページをもとに筆者作成。

も適応できるように内容が構成されたものである[5]といえる。例えば、「販売経路選定の基準」を学習する単元では、特定企業の系列販売店に入るメリットとデメリットが示されているが、それは製造業者の立場ではなく、個人商店が系列販売店に入るか否かを判断するための材料として教科書に記載されている[6]。また、当時の商業科における商業教育は、事務労働者養成のための事務・実務の実践教育を目指していた[7]ことから、「商事」の内容はマーケティングの理論に加えて商店経営に必要な実務的な内容が盛り込まれていた。

その後、1970年改訂学習指導要領では、「商事」のほか実務的科目である「売買実務」「市場調査」「広告」が新設され、マーケティング関連科目が4科目に細分化された。実務的な内容はそれらの科目に移行され、「商事」の内容は主に現代市場の特色、市場調査と販売計画、マーケティングミックスの各要素について取り扱われ[8]、現行科目「マーケティング」に近い理論中心の構成に変化した。

(3) 科目「マーケティング」の変遷

1978年改訂学習指導要領において、科目名が現在の「マーケティング」に変更され、「商事」「売買実務」「市場調査」「広告」の4科目を整理統合した科目となった。また、整理統合された内容については、市場調査・広告・販売の実習を行う「マーケティング実習」として主に取り扱われた。このときすでに学習指導要領では、生徒が主体的に問題に取り組み、創造的に問題の解決を考えることができるよう、適切な指導を行うことが示されており[9]、現在、重視されているケーススタディやアクティブ・ラーニングに類似した考え方が、約40年前にすでに述べられていた点は注目すべきことである。

その後、2度の学習指導要領改訂を経て、2009年改訂学習指導要領において、「マーケティング」に加えて「商品開発」「広告と販売促進」が新設され、これら3科目をマーケティング分野として現在に至っている。ところで、この3科目について、学習指導要領解説の「内容と構成及び取扱い」で共通して述べられていることが2点ある。1点目は、具体的な事例を取り上げ、ケーススタディなどを通して特徴を考察させること。2点目は、具体的な課題を設定し、実践的、体験的な学習を取り入れることである[10]。従前の学習指導要領でも同

様のことが述べられていたが、マーケティング分野全科目において共通した記述がされていることが特徴であり、重要な点である。

Ⅲ　マーケティング分野の現状と課題

(1) 履修率とマーケティング分野の位置づけ

　市場の成熟化、少子高齢化が進む現代において、企業にとってマーケティングの重要性は高まる一方である。そのことから考えると、1950年代という相当早い時期に必履修相当としてマーケティングを導入したことは先見の明があったとみてよいだろう。しかし、履修率の低さやマーケティング分野の教科「商業」内での位置づけの低さから、「必履修相当」ということが必ずしも理解されていなかったことは残念なことである。履修率について一例を挙げると、1957年度の全国統計によれば「商事」の履修率は公立で94.7％であったが[11]、1970年改訂で必履修科目から外れたことで低下していく。雲英たちが1978年度入学生を対象に行った調査によると[12]、履修率は48.5％にすぎず、マーケティング教育を中心とする当時の営業科でさえ、選択等を含めても履修率は100％に達していなかった。一方、簿記会計教育については、当時の発展科目である「簿記会計Ⅱ」が、学科を問わず必履修科目のようなきわめて高い履修率になっていたことから、高等学校商業教育は伝統的に簿記会計教育を重視し、歴史の比較的浅いマーケティング教育を軽視する以外のなにものでもないと指摘された[13]。

　ところで、現状はどうだろうか。全日制流通ビジネス系学科（2017年度入学生）において、マーケティング分野の各科目を設定していない学校の割合は、「マーケティング」6.7％、「商品開発」33.3％、「広告と販売促進」20.0％となっている[14]。このように、流通を中心に学ぶ学科でさえ「マーケティング」を設定していない学校があり、現行学習指導要領におけるマーケティング分野の中心科目である「商品開発」を設定していない学校が約3割にものぼる。この状況は不思議なことであるといわざるを得ないが、1970年代の調査以来、教科「商業」におけるマーケティング分野の扱いが何も変わっていないことを示しているといえるのではないだろうか。

(2) マーケティング分野の課題

　では、なぜ「マーケティング」の履修率は今日に至るまで上がらなかったのだろうか。それは、科目の内容が複雑で、なおかつ授業展開には工夫が必要であることから教えにくい科目とみなされ、設定しない学校が多くなったと考えられる[15]。従前の科目「商事」では、市場調査やマーケティングミックスの内容に加え、中小企業にも適応できるよう実務的な内容も扱っていた。科目名が「マーケティング」になった際、実務的な内容は細分化された「売買実務」などの科目に移行されたが、その後それらの科目が「マーケティング」に吸収合併されたことで、実務的な内容が再度積み上げられることになった。さらに、経済状況や時代の変化によって、マーケティングに対する新たな視点や考え方が生まれ、それらが新たな学習内容として追加されていった。つまり、時代とともに学習内容が変化し、科目の内容が複雑になる。そのため、その内容を理解することが難しく、教員にとって教えにくい科目となっていったと考えられるのである。また、マーケティングは大規模製造業者が行うものであるが、流通業者にも適応できる。したがって、授業を行う際、指導している内容が製造業者の立場なのか、流通業者の立場なのかを生徒に示さなければ説明がわかりづらくなってしまう。このように、複数の立場からマーケティングを語る必要があり、授業で説明することに難しさが伴う。さらに、生徒に興味・関心をもたせるには工夫を要し、教員にとっては他の科目に比べ一層ハードルが高くなってしまうのである。

　先に述べた通り、学習指導要領ではマーケティング実習の設定や、具体的な課題に対する実践的・体験的な学習を重視することが示されているが、限られた時間数のなかで、知識の教授と実習的な内容を両立させることは難しく、それゆえに教員から敬遠され、積極的に教育課程に位置づけられてこなかったといえるのではないだろうか。「講義を中心とした学習指導をどのように改めるか」「生徒に興味をもたせ、自主的に学習させるにはどうするか」「生徒の学習活動をどのような形で取り入れるか」「マーケティング活動を生徒に経験させ、知識と理解を深めるにはどうするか」といった問題は、「商事」が新設されて間もない 1960 年代半ば頃から指摘されているが[16]、これらは現在にもあてはまる問題であるといえる。

Ⅳ　マーケティング分野の実践

　ここまで、マーケティング分野の変遷を確認することを通じて、この分野の重要性について述べてきた。次に、筆者が取り組んできた生徒の興味・関心を高めることに重点をおいたケーススタディ教材を活用した授業実践について、教材作成のポイントとグループ学習の進め方を中心に紹介したい。

　ケーススタディは、変化する現実のビジネス社会を授業に取り入れることができ、生徒の興味・関心を高める効果がある。その反面、教材の作成や授業運営には多くのノウハウが必要となり、準備の時間と労力をかなり要する。そこで、ここでは誰でも取り組める1時間完結型のケーススタディを活用したグループ学習について、教材作成方法と授業展開の具体例を提示したい。また、授業担当者が複数名いる場合を想定し、教員間で共有するための工夫についても述べることにする。

（1）生徒の興味・関心

　マーケティング分野は、「簿記」のように学習の成果が「検定合格」という形でみえるわけではなく、「情報処理」のようにパソコンで処理結果が瞬時にみえるわけでもない。したがって、生徒にとっては「使えない知識を覚える暗記科目」「成果が目にみえずおもしろくない科目」と受け止められているとも考えられる。しかし、マーケティング分野の内容は、生活や職業全般に応用できる汎用的な知識である。また、大学で専門的な知識を深めることで職業に活かすことも可能なため、高校段階でマーケティング分野を学習し、「商品の生産・流通・消費にかかわる経済的諸活動」に対して興味・関心を高めておくことは重要であるといえる。

　では、どのようにすれば生徒の興味・関心を高めることができるだろうか。筆者の日常の実践や授業アンケートの結果から総合的に考えると、「グループ学習」「商品企画などの体験学習」「身近な商品や企業の事例を取り入れた学習」の3点を授業に取り入れることではないかと考えている。つまり、「体験」と「具体的事例」の活用である。ただし、「個人でなるべく授業を受けた

い」という生徒の意見もあることから、知識をしっかり身につける授業を中心にしながら、体験的な授業を適切な場面で投入し、生徒の興味・関心を高めることも心掛けている。また、体験的な授業の内容が、教科書の知識に裏打ちされたものでなければ単なる遊びになってしまうため、取り扱う内容の精査、投入するタイミングや頻度、適切な運営と評価の3点を十分に検討する必要がある。

　この点を踏まえて、次に、生徒の興味・関心を高める「体験」と「具体的事例」を用いたグループ学習によるケーススタディについて述べたい。

(2) グループ学習によるケーススタディ

　企業が行う商品開発は複数名で行うことが多いため、授業で行うケーススタディもグループ学習で取り組むことが重要である。さらに、グループ学習を効果的なものにするためには、教材作成、運営方法、評価方法の研究が不可欠である。以下、図表8-2の教材例について教材の作成方法と授業展開案を示し、授業の成果と課題について考えてみたい。

　① **ケーススタディ教材**　　ケーススタディ教材は、学習内容の事例を知るための教材と、事例を用いてグループディスカッションを行う教材の2種類が考えられる。前者は図表8-2のように、身近な事例を用いて教科書の内容を学習する教材である。そして後者は、さらに2種類の教材に分けられる。1つは、課題のなかに何らかの制約があり、そこから新しい提案を行うものである。例えば、「スマートフォンの新しい機能を考える」というように、スマートフォンの改良という制約をつけるものである。このような制約をつけることによって、生徒は課題に比較的取り組みやすくなる。もう1つは、新商品開発のように、制約がまったくない新しいアイデアの提案である。制約がなく自由である分、課題の難易度は高くなる。このように、段階的な教材を作成することで難易度の低い課題から高い課題へと無理なく体験学習を導入することができる。

　教材の構成は、ケース本文、事前学習用の個人課題、グループ学習用課題、解答例の4点である。これは、複数の担当教員間で共有し、無理なく授業を行うために考え出された構成である。また、ケースだけの紹介、ケースと個人課題だけの実施など、クラスの状況によって柔軟に対応できるよう教材作成を

行っている。では、図表 8-2 の教材例をもとに構成の詳細を確認していきたい。なお、誌面の都合により、グループ学習用課題と解答例の掲載は割愛する。

　ア．ケース本文　　ここで示す本文は、1 時間で授業が完結できるよう A4 判 1 枚程度で作成している。テーマは「和歌山県の商業教育（商品開発と県下統一ブランドの商標登録）」を扱った。これは、「生徒たちに楽しく」「実践的に商業を学ばせたい」という本校教員の思いから、企業と連携して商品を開発する授業を模索するなかから誕生したものである。その後、この授業は県下で商業を学ぶすべての学校で使えるブランド「なごみあきない」を生み出し、和歌山県商業教育研究会で商標登録を行った実話に基づいている。

　イ．事前学習用の個人課題　　グループ学習を活発にするためには、生徒はケースの内容を事前に理解しておく必要がある。したがって、事前課題が必要となる。課題の内容は、教科書の基本事項の確認とケースの内容についての調査、自分の考えや感想の記述であるが、考えや感想については、生徒がさまざまな答えを出せるよう「何か書ければ評価する」という評価の方針を伝え、できるだけ多く記述させるようにした。ただし、書いた答えが冗談や思いつきでは困るので理由を合わせて問うようにした。

　事前課題は家庭学習にすることも考えられるため、1 人で最後まで取り組むための工夫が必要である。さらに、生徒が自分の言葉で書ける簡単な設問にし、答えやすい設問から順に設定することで段階的に取り組めるよう配慮した。また、設問の意味を理解していないにもかかわらずインターネットで調べ、情報の内容や信ぴょう性を確認せずにワークシートへ記入し、それをもとに進めてしまうと議論の方向が相当ずれることになる。そのため、設問の設定には細心の注意を払った。

　ウ．グループ学習用課題　　グループ学習用課題は、各自が取り組んだ個人課題の内容をグループ全員で相互に報告し、グループ内で出されたすべての意見を記録し発表する課題と、それをもとに、グループとして 1 つの考えを提案させる課題を作成した。「事前課題 1、3 について、解答を確認しよう。」「事前課題 2 について、グループで意見を出して記録しよう。」「事前課題 4 について、『なごみあきない』の現状について、グループで意見を出して記録しよう。」「事前課題 5 について、ブランド力を高めるための活動についてグループで話

図表 8-2 ケーススタディ教材例

商品開発　ケーススタディ　「商標権とブランド」
「なごみあきない（和歌山県の商業教育）」

　みなさんが受けている「商品開発」の授業では、実在する商品を題材にしているため、リアルな学習を可能にしている。本校では、先輩方がいくつかの商品をすでに開発しており、市場流通している商品もある。最近の教科「商業」では、商品開発や販売実習といった体験を通じて学ぶことが可能になったため、みなさんは楽しみながら「商業」を学習できる。しかし、このような学習が可能になったのは、まだ最近のことである。

　以前は、生徒が商品を開発したり、お客様に販売しお金を受け取ることは難しかったため、「総合実践」という科目で、生徒間で「A品・B品」という架空の商品を、架空のお金で取引していた。つまり、教室内での架空取引だけが体験を通じた学習であった。

　「模擬取引だけでなく、実際の取引を通じて、体験的に学ぶことができないのだろうか」、「もっと商業を楽しく学ぶことができないのだろうか」という教員の思いから、本校では「和歌山のビジネス」という科目を設定し、早くから商品開発に取り組み、地域の商店街での販売実習に取り組んできた。

　本校で最初に開発された商品は「なごみあきない特選アラレ」である。地産地消に取り組んでいる地元企業との連携により開発された商品は、原材料や製法にこだわったあられを、多くのお客様に気軽に楽しんでいただけるよう、「お手頃サイズ・ワンコイン（100円）」にしたことが特徴である。

　開発された商品の販売を通じて、生徒の体験だけでなく、和歌山県で商業を学ぶ生徒を全国に PR したいとの思いから、「なごみあきない」というブランドを作った。「和歌山県の商業教育」の「和」（なごみ）と「商」（あきない）から命名し、梅をあしらったマークが付けられた。

　「なごみあきない」の特徴は、1校だけのブランドではなく、和歌山県で商業を学ぶすべての学校が利用できることである。2013年には商標登録が認められ、今後は信頼できるブランドとしてさらに育成していかなければならない。

【参考資料】
　NPO法人和歌山県商業教育研究会 HP（http://www.nagomiakinai.com/）、2015年3月アクセス。

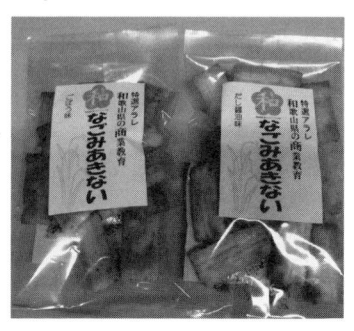

【事前課題】 グループ学習の予習として、各自で次の課題に取り組むこと。

1. ケース本文と教科書 P．136 を読み、次の（　）に適語を入れよう。

・右は「なごみあきない」のマークである。このマークは、和歌山県で商業を学ぶ生徒が開発した商品に付けられ、県外の学校の商品と区別するためのものである。このようなマークを（　　　）という。

・このマークを付けるメリットは、1つの学校だけでなく、和歌山県全体の商業系高校の（　　　　）とすることで、信用を高めることができ、和歌山県の商業教育のPRにつながることである。

・このほかにも、マークには3つの機能がある。
　① （　　　）…マークを付けることで、和歌山県の商業系高校の開発商品とわかる。
　② （　　　）…学校が企画し地元企業が製造した品質の高い商品であることを表す。
　③ （　　　）…和歌山県の商業系高校の開発商品であることを全国に広く知らせる。

2. 「和歌山県商業教育研究会」HP（http://www.nagomiakinai.com/）にアクセスし、他校の「なごみあきない」ブランドの商品について調べ、種類や特徴など気づいたことをまとめよう。

| |
| |

3. 「特許情報プラットフォーム」HP（https://www.j-platpat.inpit.go.jp/web/all/top/BTmTopPage）にアクセスし、商標「なごみ（スペース）あきない」について調べ、次の項目をまとめよう。また、興味のあるブランド名について検索し、商標登録されているか確認してみよう。（例：スターバックス）

登録番号	
登録日	
存続期間満了日	
権利者氏名又は名称	
【商品及び役務の区分並びに指定商品又は指定役務】	

4. 「なごみあきない」ブランドの現状について、学習した感想を書いてください。

| |
| |

5. 「なごみあきない」ブランドができてから数年が経過しましたが、今後さらにブランド力を高め、和歌山県の商業教育を広くPRするためには、どのような活動が必要か考えてください。

| |
| |

し合い、グループとしての意見を提案しよう。」という4題をグループ学習用課題として作成している。

エ．解答例　担当者によって論点が大幅に異なることがないように、解答例を作成し教員間で共有しておくことが重要である。ケースの分析、設問の意図、評価のポイント、想定される解答例などを記載すれば、教員間で共通理解をもつことができ指導しやすくなる。例えば、事前課題3の解説では、「すべての項目について、ホームページに記載されている通り記入すること。」「商標権の存続期間が10年であることを教科書P．138で確認できる。」「商標は『菓子、パン』に付与する場合に有効であり、例えば『衣料品』に付与しても有効でないことが確認できる。」といった、調べ学習で学ばせたい項目について教科書のページ数とともに示している。

オ．評価　マーケティング分野の指導においてケーススタディが有効であることは、かなり以前から紹介されている[17]。しかし、思ったように普及しない理由の1つに、評価の難しさがあるのではないだろうか。

　いうまでもなく、評価は学習する単元の目標に準拠したものでなければならない。したがって、ケースを作成する段階から、「この単元では、ケースを使用して何を教えるのか」ということを念頭におき、教材と評価規準の作成を行う必要がある。また、評価規準は、生徒が理解できるよう短く簡単な表現がよい。図表8-2の教材例では、「商標について理解できる」「ブランドを広く知らせる方法を考えることができる」という評価規準を設定した。

②　グループ学習授業展開案　グループ学習を行う目的の1つに、「問題の答えが1つではないことを知る」ことがあると考えた。検定学習では知識の暗記が中心となっているため、生徒たちは「すべての問題には1つの答えしかない」と思っている。しかし、社会に出ると答えが1つではない問題が多く、解決方法をみつけることができず対応に苦労する場合が多い。そのことに気づかせる必要があると考え授業展開案を作成した（図表8-3）。

　役割分担は、班長、書記のほかに調査係を設けることが特徴である。調査係は、グループ内やクラス全体で議論する際に、質問が出なかった場合に質問する係である。質問するためには「なぜ？」という問題意識をもって話を聞かなければならない。また、立派な質問をしなければいけないと思うと躊躇してし

図表 8-3　グループ学習授業展開案

班編成	5名1班とする
役割分担	1. 班長（グループ学習の進行等） 2. 書記（グループ学習の記録） 3. 調査（グループやクラスでの討議の際に質問する）
授業展開	1. 事前学習（生徒がワークシートに予習） 2. グループ学習1 　・予習内容を全員に発表させ、すべての意見を書記が記録する。このとき、班内で意見をまとめないことが重要である。 3. 全体学習 　・各グループから、上記2の意見を発表させる。教員は板書する。 　・板書を構造化（対立意見を線でつなぐ等）し、話し合いの視点を提示する。 4. グループ学習2 　・全体学習をもとにグループ内で話し合い、新しい考察を見出す。

　まう。このように、グループ学習を盛り上げるための係を作ることで、問題意識をもたせながら議論に参加することを促すことができる。さらに、質問を出しやすくするためには、些細な疑問でも質問できる雰囲気や、他人の発言を批判しないルールづくりが必要である。

　授業展開については、「グループ学習1」では、グループ内の多様な意見をクラス全体で共有することを目的としているため、グループ内で出された意見をまとめるのではなくすべて発表させる。そして、グループで出た意見をクラスの「全体学習」で共有し、再度グループに戻す（「グループ学習2」）ことによって、新しい考察を生み出すことができるように展開している。

　③　**授業の成果**　　生徒に実施したケーススタディに対する授業アンケートの結果では、「身近な商品の具体例で学ぶのでわかりやすい」「重要な学習内容の単元では、ケーススタディで理解しやすくしてほしい」などの意見があり、一定の成果を感じた。また、重要論点や章の導入部分でケーススタディを導入すると効果的であることもわかってきた。また、グループ学習については、「自分の意見を相手に伝える大切さを学んだ」「グループで意見がまとまった時に達成感が得られた」「発表時の緊張感が忘れられない」など、人前で話す経験ができてよかったという意見が多かった。さらに、「他人と話したことは記憶に残りやすいので、グループ学習をもっとやりたかった」という意見もあった。なお、グループ学習は実施しすぎても逆効果であるため、「学期に1回」

というように定期的に実施するなどの工夫をしている。

(3) グループ学習の課題

　一方で、人前で話すのが苦手な生徒やグループで学習することを面倒に感じる生徒もいる。自分が発表担当の授業がある日は必ず欠席する生徒がいたり、グループ間での進捗状況の差が大きくなったりするなど、授業展開で苦労する場面が出てくる。しかし、生徒のコミュニケーション能力の育成やこの科目の性格を考えると、配慮しすぎて活動に参加させないというのも指導上望ましくないのではないだろうか。このようなとき、筆者は、生徒の性格やクラス内での人間関係について担任と連携して情報収集を行い、参加しやすい体制づくりを行った。

　さらに、このような授業を継続していくためには、教員の「分業と共有」が重要になる。インターネットや情報端末などが発達したことで、以前に比べるとケーススタディ作成のための情報収集や教材作成は行いやすい環境にあるといえる。しかし、1人ですべてをやろうとすると負担が大きい。担当者が複数名いれば、それぞれの得意分野を活かした分業によって、教材や指導方法の共有化を図ることができる。その結果、学校全体の指導力が向上し、ノウハウが蓄積されていく。例えば、A先生は情報収集が得意である。B先生は教材作成が得意である。C先生はグループ学習の運営が得意であるなど、それぞれの教員の力を結集し、成果を共有することで指導が継続できる体制がつくられていく。

V　おわりに

　多くの学校で商品開発や販売実習が行われている。商業の学びの可視化であり、商業教育のPR活動にもなっている。しかし、マーケティング分野の学習を通じて身につけた知識に基づいた実習でなければ、それは単なる学びのない活動であり、「活動があって学びがない」という批判を受けかねない。例えば、筆者が販売実習を初めて担当した頃は、学校内にノウハウが蓄積されておらず、単なる活動として販売実習を行っていたにすぎなかった。生徒たちは簿記を学

習しているにもかかわらず、金銭や商品の管理もままならない状態で、店舗設営や陳列、お客様に喜んでいただける品揃えの形成など、とても気配りができる状態ではなかった。さらに、このような状態で商品開発に取り組んでいたので、市場調査をもとに商品コンセプトを開発し、商品企画に繋げるという発想には程遠い状態であった。

　繰り返しになるが、本物の商業を体験させ、それを学びに繋げるためにはマーケティング分野の指導は不可欠である。したがって、商業科であればマーケティング分野から少なくとも1科目は履修させるべきである。コトラーは、「マーケティングを学ぶことは大変なことなのだろうか？」との問いかけに、「これには良い知らせと悪い知らせがある」と答えている。そして、「良い知らせ」とは、マーケティングは1日あれば学べるということであり、「悪い知らせ」とは、使いこなすには一生かかることだといっている[18]。マーケティングの学習が知識の暗記と検定試験合格だけで終わってしまっては、新しいアイデアを生み出したり、自社の状況と競合他社の動きを踏まえて戦略を考えたりする、いわば「マーケティングを使う」ことがなくなってしまう。したがって、マーケティング分野の授業では、マーケティングを使いこなすための体験を取り入れ、マーケティングの奥深さとおもしろさを伝えることが最も重要であるといえる。そのためには、ケーススタディや楽天IT学校（楽天株式会社主催）、商業高校フードグランプリ（伊藤忠食品株式会社主催）のような、企業が提供する学習機会を積極的に活用することも考えられる。現在は多くの企業や公的機関が学習機会を提供している。また、このような学習機会を活用し、体験した内容をもとにケーススタディ教材を作成すれば、それが学校独自の教材となり、先輩の学びを後輩に伝えることもできる。つまり、学校内の閉じた空間で授業を展開していても、マーケティング分野の学習が深まることはないということである。

　ビジネスに販売は不可欠である。そして、販売を行うためには何らかの商品が必要であり、その商品を販売するためにはマーケティング活動を欠かすことができない。また、簿記や情報処理だけではビジネスは成立しない。「マーケティングだけ」「簿記だけ」「情報だけ」という単独の分野だけで完結させる商業教育では、結局、「商業で何をやっているかわからない」状態をつくり出し

てしまい、「商業の勉強が好きだ」という生徒を育てることができないのではないだろうか。マーケティング分野を起点にして、それぞれの分野をリンクさせることが何より重要である。

今後、マーケティング分野の科目構成がどのように変更されたとしても、マーケティング分野そのものがなくなることはないであろう。コトラーも「マーケティングが無用になる日は永遠に来そうもない」といっている[19]。今こそ、マーケティング分野の位置づけを見直し、指導方法を工夫しながらノウハウを共有することで、高等学校商業教育全体の教育内容を改善すべきときではないだろうか。読者の皆様から、多くのご意見やご批判をいただき、今後さらに充実した授業実践が行えるよう努めていきたい。

【注】
1) 文部科学省（2010）5ページ。
2) 商業教育八十周年記念誌編集委員会編（1965）71-72ページ。
3) 恩蔵（2017）25-26ページ。
4) 文部省（1956）13-14ページ。
5) 文部省検定済教科書（1960）19ページ。
6) 文部省検定済教科書（1963）76-77ページ。
7) 番場（2010）56-57ページ。
8) 文部省（1970）358-359ページ。
9) 文部省（1979）56ページ。
10) 文部科学省（2010）24、28、33ページ。
11) 雲英（1989）72ページ。
12) 雲英（1989）112ページ。
13) 雲英（1989）112ページに詳しい。
14) 西村（2017）28ページ。
15) 雲英（1989）72ページにおいて、同様の指摘がされている。
16) 田中・雲英（1980）105ページ。
17) 例えば、田中・雲英（1980）105-108ページ。
18) 久保田・澁谷・須永（2013）30ページ。
19) 久保田・澁谷・須永（2013）31ページ。

【参考文献】
恩蔵直人（2017）『マーケティングに強くなる』筑摩書房。
雲英道夫（1989）『商業教育を論ず』白桃書房。
久保田進彦・澁谷覚・須永努（2013）『はじめてのマーケティング』有斐閣。

商業教育八十周年記念誌編集委員会編（1965）『商業教育八十周年記念誌』全国商業高等学校協会。

田中義雄・雲英道夫（1980）『商業科教育論〈改訂版〉』多賀出版。

西村修一（2017）「次期学習指導要領を見据えた商業教育の充実」『第28回全国大会（兵庫大会）』日本商業教育学会。

日本商業教育学会編（2011）『教職必修　最新商業科教育法　新訂版』実教出版。

番場博之（2010）『職業教育と商業高校―新制高等学校における商業科の変遷と商業教育の変容―』大月書店。

文部省（1956）『高等学校学習指導要領　商業科編』実教出版。

文部省（1970）『高等学校学習指導要領』大蔵省印刷局。

文部省（1979）『高等学校学習指導要領解説　商業編』一橋出版。

文部科学省（2010）『高等学校学習指導要領解説　商業編』実教出版。

文部省検定済教科書（1960）『高商10-1061　新商事』実教出版。

文部省検定済教科書（1963）『商業033　新商事（新訂版）』実教出版。

（江口　真平）

地域に根づく人材育成「高校生ホテル」

はじめに

　高校生ホテルは、本校（静岡県立熱海高等学校）の全日制普通科のビジネス観光類型に所属する3年生が、商業科目を学んだ集大成として、学校近隣にある民間の宿泊施設を2日間全館借用し、高校生の力だけで宿泊者の募集から当日の接客まで行う実践的な研修のことである。あくまで「研修」ではあるが、サービスの対価を得るために働くことが要求されるため、高校生だからといって妥協は許されず、業務においては絶えず責任と真剣さが求められる。

　この研修の目的は、本物の宿泊施設で働く体験を通じて生徒の自己肯定感を養い、学校と地域が連携し地域に根づく人材を育成することである。さらに、この取り組みを通じて魅力ある学校づくりを推進し、学校の活性化を図ることもねらいの1つであるといえる。2017年度で2回目を迎えた研修の概要について報告したい。

実践の準備と留意点

(1) 研修先宿泊施設を確保することの難しさ

　高校生ホテルの初年度である2016年度は、教員がホテルや旅館に直接交渉して研修先の宿泊施設を確保した。しかし、教員の個別交渉では研修に協力してくれるホテルや旅館を確保することが難しく、最悪の場合、研修先をみつけることができないことも考えられた。そこで、そのような事態を回避するために、企業と学校と官公庁が連携を図ることが何よりも重要であると考え、本年度は、熱海温泉ホテル旅館協同組合と南熱海網代温泉旅館協同組合の2つの組合を通じて研修の受け入れを依頼した。

　その結果、南熱海網代温泉旅館協同組合の加盟店である7施設から返答があったが、そのいずれの施設でも受け入れられないという返事であった。もう一方の熱海温泉ホテル旅館協同組合からは返答がないため直接受け入れの可否を尋ねたところ、「熱海には60軒以上の加盟店があるが、半分以上が地元で経営しているオーナーではないため受け入れは難しい。」「熱海の宿泊業は生き残りをかけて毎日経営しており、生徒を研修させてお客様に何かあってからでは取り返しがつかない。」「一人前のホテルマンになるには10年はかかり、高校生が数ヶ月間研修したからといって、ホテルや旅館を任せることはできない。」という回答をいただいた。このように、受け入れ先をみつけることは容易なことではなかったが、最終的に、昨年度の研修施設から協力を得ることができ2年目の高校生ホテルの実現となった。

(2) 研修に伴う経費の調達

高校生ホテルに掛かる主な経費は、生徒が研修時に着る衣装の購入費と実践指導時の講師派遣費、生徒が研修場所へ移動する際の交通費であるが、これらの経費は学校経営予算に組み込んで支出した。今回の研修場所は学校から歩いて10分の距離であったことから生徒の交通費を支出しなくて済んだが、研修場所が学校から遠方になった場合は予算を計上しなければならない。そのため、これらの経費はできるだけ早い段階で目途を立てておく必要がある。

(3) 生徒の意識の問題

この研修に参加する生徒は、観光業への就職や進学を目指して本校に入学してきたわけではなく、高等学校での勉強に目的意識をもたず入学した生徒もいることから、進路に対する意識は高いとはいえない。そのため、高校生ホテルに向けた生徒の意識づけには時間と労力がかかるが、この初期指導を焦って妥協してしまうと生徒の意識が乏しくなり、研修の質が低下してしまう。そこで、実践に際し生徒に示したのは、①個々の技術向上を図り、常に目標を抱き研修に臨むこと、②仲間との協調性を育むこと、③お客様へのおもてなしの心を忘れないことの3点であり、この指導を最後まで徹底して行った。

(4) 高校生であることによる制約

高校生であるということでさまざまな制約を受けることも多い。例えば、この研修は学校設定科目「観光資源」の授業（3単位）のなかで行っているが、開館当日は平日となるため、生徒の授業時間割を変更する必要があった。また、県条例により22時以降の外出は補導対象となるため、生徒の研修時間を初日は10時50分から21時までとし、21時以降の夜間業務は宿泊業者に委託しなくてはならなかった。さらに、酒類の提供ができないため、レストランサービスでのお酌等はせず、教員の指導のもと配膳のみ行った。

事 前 学 習

(1) 外部講師を招いて

高校生ホテルの取り組みにあたっては、授業で観光学の基礎知識を学習しながらホテル業務に関する実践研修を積むことが重要になる。そこで、今年度は4人の外部講師を招請し、以下の4点の能力習得にポイントを絞り実施した。

まず第1に、実践的な接客態度と技能を習得するために、ホテルでの勤務経験が10年以上の方を講師として招請し、生徒全員で挨拶の仕方を学ぶことから始めた。熱海の海が一望できる風光明媚な屋外で研修を実施することで生徒の心を開放し、仲間意識を高めつつ大きな声で挨拶をすることへの抵抗感を排除することをねらいとした。また、実務指導として接客に必要な身だしなみやお客様の誘導の仕方、レストランでのサーブの仕方などマナー指導もしていただいた。

第2に、今年度の新たな試みとして、日本盲導犬協会普及推進部から講師と盲導犬1頭を招請し、視覚障害者の理解と援助方法を学んだ。障害者差別解消

法（「障害を理由とする差別の解消の推進に関する法律」）や身体障害者補助犬法について学習することで、観光業における障害者の受け入れについて考える機会とした。

　第3に、南熱海地域包括支援センターから講師を派遣していただき、福祉的視野を広げて観光業に携わる目的から認知症について学習した。認知症高齢者を支えるための基礎的な知識を理解し、認知症の方に接する際の心がまえや認知症サポーター事業について学んだ。

　第4に、熱海消防署から講師を派遣していただき、高校生ホテル運営に備えた緊急対応の心肺蘇生法の習得とAED（自動体外式除細動器）の使い方を学んだ。

　(2)　グループワークとして

　生徒をフロント係、客室準備係、ドリンクサービス係、レストラン係の4部署に配属し、グループワークによる研修を実施した。部署ごとにリーダーを任命し、組織的に研修を行う体制を確立して開館当日に備えた。その具体的内容は次の通りである。

　フロント係は、おもてなしサービスのこだわり企画の検討、予約の受け付け方、館内の案内の仕方、部屋割り表の作成、チェックイン時のウエルカムドリンクの内容検討と協賛企業との交渉、生徒発案によるありがとう抽選会の協賛品提供企業の選出などを行った。

　予約は高校生ホテル専用のフリーメールを開設し、メールによる申込みができない高齢の方は、学校の事務室で直接申込みを受け付けた。そして、宿泊者募集の告知は教員が担当し、教育委員会を通じて全国の商業高等学校へ告知するとともに、学校間メールによる静岡県内の中学校と高等学校への告知、マスメディアに向けた告知を行った。なお、今回の高校生ホテルの申込みは27組71人であったため、抽選により15組43人を決定した。

　レストラン係は、レストラン座席表の作成、食事メニューの検討、おしながき作成、レストランテーブル担当業務の研修を行い、ドリンク係は、ドリンクメニューの検討、ウエルカムドリンクの提供の仕方を考えた。客室準備係は、和室・洋室・浴場・カラオケ受付・朝の掃除場所などの担当決め、客室掃除から客室セットアップまで、これらすべての作業が時間内にできるか何度も研修を重ねた。

　また、ホテルでの事前現地研修では、従業員の方が一度に多数の生徒を指導できないため、放課後や週休日に2～3人ずつ割り当て、夏季休業中にも現地研修に取り組めるよう計画を立てた。

開館当日

　高校生ホテルを開催した2日間は、事前学習で身につけた知識と技能を発揮し大成功を収めることができた。お客様に絶えず笑顔で接し、要望に臨機応変に対応するよう意識させ、チェックインやチェックアウト後、レストランサービス

の時間など可能な限り部署間で連携させた。

このような担当者相互の密接な連携が、仕事への責任感や仲間との協調性を身につけることにつながったと思う。

おわりに

高校生ホテルは、生徒による主体的で対話的な深い学びを実践できる最良の学習の場である。生徒は、実際のホテル業務を経験するなかで、働くことを通じて協調性や問題解決能力の重要性を学び取っている。また、この研修をやり遂げたときの「達成感」も、後の人生において自らが社会を生き抜く力になると思う。

筆者が考える商業教育の目標は、社会を生き抜く力の育成である。世の中の動向を絶えず把握し、工業や農業がつくり出すモノに商業がアイデアをプラスして人から人へ橋渡しする。このような潤滑油的な役割を担う人材を育成することが高等学校商業教育の役割であるといえるのではないだろうか。今後も高校生ホテルを継続していくとともに、多種多様な実践的教育を準備し、地域に根づく人材を育てていきたい。

（小見山　秀彦）

第9章
教科「商業」における情報教育のあり方

Ⅰ　はじめに

　一口に情報教育といっても、ソフトウェアの操作方法習得からソフトウェア開発、プログラミング、ネットワーク構築等、その内容は多岐に渡る。教科「商業」のビジネス情報分野の科目には「情報処理」「ビジネス情報」「電子商取引」「プログラミング」「ビジネス情報管理」の5科目があるが、すでに教科「情報」があるなか、教科「商業」で情報教育を行う意義はどこにあるのだろうか。

　このことを考えるには、教科「商業」の情報教育の現状を明らかにする必要があるため、商業科の授業と全商協会（全国商業高等学校協会）主催の情報処理検定（情報処理検定試験）の関係を検証した。1975年以降の商業科生徒数と情報処理検定受験者数の推移[1]と情報処理検定受験率（情報処理検定受験者数を商業科生徒数で割った値）を表したものが図表9-1である。

　情報処理検定が開始された1975年の情報処理検定受験率は2.7％だったが、年々増加の一途をたどり2012年には148％となった。その後、少し下落して2015年は135％となっている。なお、情報処理検定申込者の99％以上は高校生であり[2]、検定試験の内容は教科「商業」の学習と深く関係していることを考えると、情報処理検定受験者数の大部分は商業科の生徒であることが推測できる。このことから近年のビジネス情報分野の授業は情報処理検定の受験指導を通した授業に大きく依存しているといえるのではないだろうか。

　ところで、情報処理検定の受験指導を伴う授業において、筆者自身が疑問に感じていたことがある。それは、検定試験には多くの生徒が合格するが、検定試験では問われないような形式で問題が出題された場合、基本的な問題も解く

図表9-1　商業科生徒数、情報処理検定受験者数と情報処理検定受験率の推移

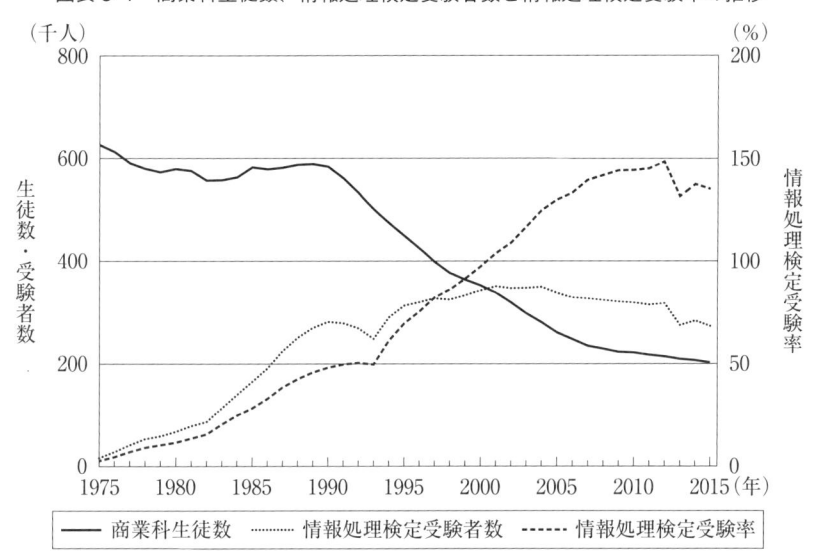

出所：文部省・文部科学省（各年）と全商協会（2016）により作成。

ことができない生徒が多いということである。その原因は、科目の目的が達成されたかどうかを測るために検定試験を利用しているのではなく、検定試験に合格することを目的として授業を進めているからではないだろうか。

　また、情報処理検定ではSQLやJavaの問題が出題されるが、これらの知識や技術は、情報産業で働く情報技術者の育成を想定した場合は重要であるが、必ずしも情報技術者の育成を想定しているわけではない教科「商業」の情報教育で取り扱う意義はどこにあるのだろうか。

　このような問題意識のもと、本章では、まず議論の前提となる情報教育や教科「情報」の全体像を俯瞰する。そして、教科「商業」の情報教育の特色を明らかにしたうえで、教科「商業」の情報教育のひとつのあり方を示し、さらにそのあり方に沿った実践報告を行いたい。

Ⅱ　初等中等教育における情報教育の成立

(1) 情報教育導入の背景と展開の概観

　教科「商業」における情報教育のあり方を考察するにあたり、まずは、わが国の情報教育の変遷をみておきたい。そもそも現在のコンピュータの基本となっているノイマン型コンピュータが世界ではじめて開発されたのは 1949 年である。その後、1950 年代からコンピュータの商用化が進められ、1960 年代には産業界において事務機械が普及し始め[3]、1970 年代においては OA 化が叫ばれるようになった。そのため事務機械やコンピュータを扱うことができる人材を育成する必要が生じ、1970 年代前半から高等学校の職業教育（教科「工業」や「商業」）で情報処理教育が行われるようになった。これがわが国の初等中等教育における情報教育の始まりと考えられている[4]。

　その後、1989 年改訂の学習指導要領において教科「農業」や「水産」等の複数の教科でコンピュータを活用する科目が導入され、1998 年改訂の中学校学習指導要領においては技術・家庭科で「情報とコンピュータ」が必修となった。そして、1999 年改訂の高等学校学習指導要領において普通教科「情報」（普通教育に関する教科としての情報科、以降は共通教科[5]「情報」と表記）および、専門教科「情報」（専門教育に関する教科としての情報科）が導入された。そして 2017 年改訂の小学校、中学校学習指導要領ではプログラミング教育の必修化が盛り込まれた。

(2) 体系化された情報教育

　初等中等教育における系統的、体系的な情報教育は、1997 年 10 月の「情報化の進展に対応した初等中等教育における情報教育の推進等に関する調査研究協力者会議」（第 1 次報告）において示された。そこでは、情報教育の目標は「情報活用能力」を育成することとし、さらに「情報活用能力」を「情報教育」の 3 観点（「情報活用の実践力」「情報の科学的な理解」「情報社会に参画する態度」）に整理している。

　高等学校の共通教科「情報」においても「学習指導要領では、3 観点に整理

された能力・態度を情報活用能力と、また、情報活用能力をはぐくむ教育を情報教育ととらえて[6]」おり、上述の第1次報告の情報教育が初等中等教育におけるわが国の体系化された情報教育であるといえよう。本章では、この体系化された情報教育を「情報教育」として以下はカッコづきで記し、情報に関する教育全般はカッコをつけずに情報教育と表記する。

(3) 教科「商業」の情報教育と「情報教育」

　以上の流れを踏まえたうえで、教科「商業」における情報教育がどのように位置づけられているのか考察する。

　文部科学省が2010年に発行した『教育の情報化に関する手引』では、「情報教育」の目標や系統性、小学校・中学校・高等学校における各段階での学習活動等が例示されている。また、高等学校においては「情報教育」の3観点ごとに国語科や数学科、共通教科「情報」等で指導例が具体的に示されている。しかし、専門教科においては教科「商業」だけでなく他教科でも言及されておらず、わが国の「情報教育」のなかで教科「商業」の情報教育がどのように位置づけられているのか読み解くことができない。このように、教科「商業」の情報教育はわが国の「情報教育」の体系のなかに位置づけられることなく、別に存在しているといえる。また、これまで位置づける作業も行われてこなかった点も指摘しておきたい[7]。

Ⅲ　教科「商業」の情報教育と教科「情報」

　次に、共通教科「情報」と専門教科「情報」の具体的内容を検討し、それらと教科「商業」の情報教育との相違や関係性について考えることにする。

(1) 共通教科「情報」との関係

　共通教科「情報」は、国が体系化した「情報教育」を高等学校において行うための教科であり、その目標は既述の「情報教育」の3観点に対応している。

　なお、商業科では、共通教科「情報」の必履修科目である「社会と情報」を教科「商業」の科目「情報処理」で代替することができる。専門教科の科目で

代替するため、教科の特性に応じて「情報教育」の3観点に強弱がつくことは必然であるが、指導する側が「情報教育」の3観点を意識することなく情報処理検定の対策に終始することをもって「情報処理」の授業を行っているのであれば、「情報教育」の代替がなされているとはいえないのではないだろうか。

情報処理検定の指導を行うことで、「情報教育」が目指す情報活用能力を育成することができるのかどうかという点を、「情報教育」の3観点に照らし合わせて捉え直す必要があると筆者は考える。

(2) 専門教科「情報」との関係

① **専門教科「情報」とは** 専門教科「情報」は情報産業を担う情報技術者の育成を図る職業に関する教科（専門教科）である。専門教科「情報」と共通教科「情報」の関係図（図表9-2）は学習指導要領解説で示されており、国民一般に対する「情報教育」と専門教育としての情報教育の関係が明示されている。

このように、専門教科「情報」は教科「商業」の情報教育とは異なり、体系化された「情報教育」の文脈の延長上にきちんと位置づけられている。

② **専門教科「情報」との関係から考える教科「商業」の情報教育** 専門教科「情報」と教科「商業」の関係については、1998年理科教育及び産業教育審議会の答申「今後の専門高校における教育の在り方等について」において

図表9-2 専門教科「情報」と共通教科「情報」の関係図

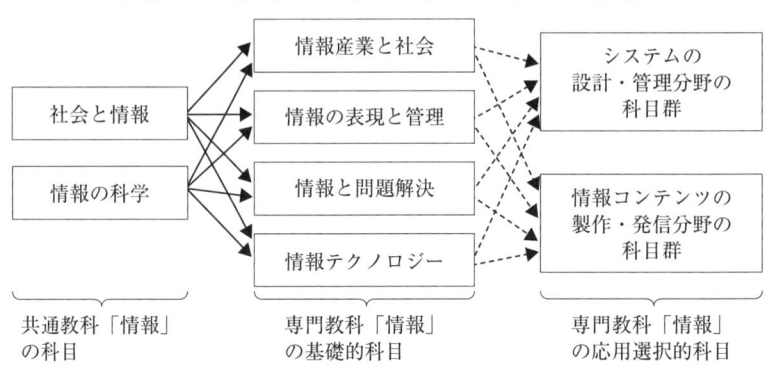

出所：文部科学省（2010b）11ページの一部を変更して作成。

言及されている。そのなかでは、高度な情報技術者の育成は従来の教科「工業」や「商業」等の枠組みでは対応できないため、専門教科「情報」が必要だとしている。また、教科「工業」や「商業」で行われる各々の産業分野に関わる情報教育は引き続き重要であるが、専門教科「情報」は産業の枠にとらわれず幅広く情報を扱うこととしている。

しかし、専門教科「情報」が新設される以前から、教科「商業」では対象とする産業分野に関わる情報教育だけでなく、情報技術者を育成する情報教育も行っていた。とりわけ情報関連の小学科（「情報処理科」「情報科」「情報ビジネス科」等）においては、プログラミングやシステム開発、国家資格である情報処理技術者試験の指導等に重点を置いた教育課程が編成されてきた。

このように、専門教科「情報」と商業科における情報関連の小学科での情報教育の内容は非常に近接しているといえる。

Ⅳ　教科「商業」の情報教育の特色

(1) 教科「商業」の情報教育と体系化された「情報教育」の関係

現在の教科「商業」の情報教育とわが国の「情報教育」、共通教科「情報」、専門教科「情報」との関係をまとめると図表9-3のようになる。

教科「商業」の科目「情報処理」と「ビジネス情報」を合わせると、共通教科「情報」の内容の大部分をカバーすることができる。しかし、現在主流となっている情報処理検定の受験指導を通した授業にあっては、この図表の通り情報活用能力の育成が図られているかどうかは再考の余地があることは先に述べた通りである。

また、「課題研究」や教科「商業」が対象とする産業分野に関わる内容は、共通教科「情報」や専門教科「情報」の範囲の外に存在しており、教科「商業」の情報教育独自の内容といえる。

なお、科目「プログラミング」「電子商取引」「ビジネス情報管理」を合わせると、専門教科「情報」の学習内容の多くをカバーすることができるが、専門教科「情報」では情報技術者育成の観点に立った、視点の違う専門的な内容が取り扱われており、単純に比較することは難しい。

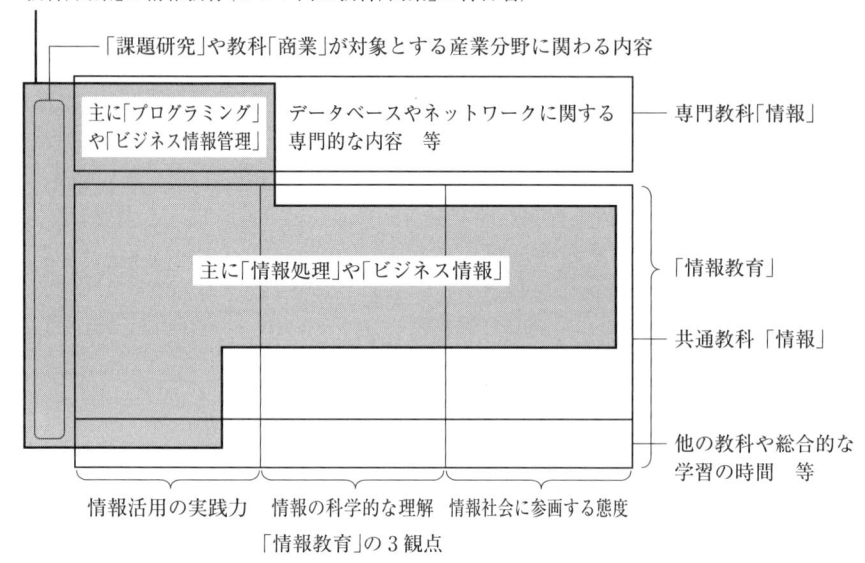

図表9-3　現在の教科「商業」の情報教育と「情報教育」等との関係

出所：筆者作成。

（2）教科「商業」の対象範囲と情報教育

　以上のように、現行の教科「商業」の情報教育と共通教科「情報」、専門教科「情報」の情報教育とは多くの部分が重なり合っている。しかし、そのようななかでも教科「商業」の情報教育でしかできない学習内容もある。それは、教科「商業」が対象とする産業分野に関連する情報教育である。この教科「商業」の情報教育の特色を明確にするためには、教科「商業」そのものが対象とする産業分野を明確にする必要がある。

　例えば、商業を狭義に捉えると小売業や卸売業となり、小売業や卸売業で必要とされる情報教育を行うことが教科「商業」の情報教育ということになる。逆に、商業を広義に捉えるとビジネス活動全般となり、工業や農業、情報産業自体も商業の内に含めることになり、教科「商業」の情報教育は情報に関する大部分の内容を学習範囲に含むことが可能となる。

　なお、2009年改訂の学習指導要領では、1999年改訂の学習指導要領同様に、

図表 9-4　教科「商業」の対象範囲

		産業分類					
		農業	水産	工業	商業	情報	公務その他
職務分類	生産	生産	生産	生産	生産	生産	生産
	事務	事務	事務	事務	事務	事務	事務
	経営	経営	経営	経営	経営	経営	経営

出所：山川（1959）76 ページを参考に一部を変更して作成。

教科「商業」の対象を「幅広くビジネス、商品の生産・流通・消費にかかわる経済的諸活動の総称としてとらえる[8]」こととしている。この定義では範囲が広く、教科「商業」の情報教育の特色が打ち出しにくい。

　ところで、教科「商業」が対象とする商業の概念は諸説あるが、小売業や卸売業に限った捉え方をしない点、産業横断的に関与しているとみる点は、教科「商業」に関する多くの論考で一致する。特に山川は 1959 年の論文「商業教育の性格」において、すでに教科「商業」における商業の意味をコマース（Commerce）ではなくビジネス（Business）と捉えたうえで、その対象とする範囲を産業分類と職務分類のマトリックスで明示している（図表9-4 の太枠内）。

　この図表では、例えば小売業で働く事務職員は「商業」×「事務」の部分となり、情報産業で働くプログラマは「情報」×「生産」の部分となる。本章でも、この山川の示した範囲を教科「商業」の対象範囲としたうえで、その情報教育の特色を考えることにする。具体的には、ビジネス活動を小売業や卸売業、産業横断的な販売・事務・経営等の仕事と捉え、そこに携わる人材に対する教育を教科「商業」の対象範囲とするということである。

(3) 教科「商業」における情報教育のあり方

　①　対象とする範囲と商業科の情報関連の小学科との関わり　　教科「商業」の対象範囲は図表9-4 で示した通りであり、この範囲における情報教育を行うことが教科「商業」の情報教育である。よって、情報技術者育成に関する

教育（図表9-4の「情報」×「生産」の部分）は教科「商業」の情報教育の対象範囲ではない。また、商業科の情報関連の小学科のなかで、情報技術者育成を主たる教育目標としている場合は、商業科ではなく情報に関する学科「情報科」に移行することが望ましいといえよう[9]。

一方、商業科の情報関連の小学科のなかでもエンドユーザーコンピューティングを担う人材の育成やビジネスの場面におけるコンピュータの活用を推進する人材の育成を主たる教育目標にしている場合は、教科「商業」の対象範囲に含まれるとみてよいであろう。なぜなら、これらはビジネス活動と関連が強いからである。また、この場合は、ビジネス情報分野以外の科目（「簿記」「マーケティング」等）を活用するかたちで情報教育を展開することも可能となる。さらに、科目「電子商取引」を教科「商業」の情報教育の総合的な学習と位置づけて実施することもできる。

したがって、商業科の情報関連の小学科は、学科としての教育目標に何を設定するかによって、教科「商業」の情報教育の内に含まれるかどうかが決まるといえよう。

② **教科「商業」における情報教育が育成する能力**　1995年3月に職業教育の活性化方策に関する調査研究会議から「―スペシャリストへの道―職業教育の活性化方策に関する調査研究会議（最終報告）」がとりまとめられて以降、高等学校の専門教育は将来のスペシャリストを育成するための基礎・基本を重視することが求められている。教科「商業」が目指す将来のスペシャリストとは、商業に関するスペシャリストであり、情報産業で働くスペシャリスト（プログラマやシステムエンジニア等）ではない。よって、教科「商業」が担う情報教育は、あくまで商業のスペシャリストを育成するための補足的な一分野であるという位置づけである。つまり、教科「商業」の情報教育はシステム開発やソフトウェア開発、コンピュータサイエンスに携わる人材を育成するものではない。

教科「商業」の情報教育においては、ビジネス活動（販売・営業等の場面や事務・経営の場面）を補完するために直接活用できるコンピュータの実践力を養うことが求められている。そしてこれこそが、教科「商業」で情報教育を行うことの意義であり特色であるといえるのである。

V　教科「商業」の情報教育の実践例

(1) ビジネス活動で直接活用できる実践力

　教科「商業」の情報教育で育成する能力は、ビジネス活動で直接活用できる実践力であり、小売業や卸売業あるいは産業横断的な事務職の実際の仕事現場でコンピュータを使う能力である。そのための重要な視点は、単にパソコンの操作方法やソフトウェアの知識や技術を身につけさせることではなく、汎用的な実践力を養うということである。

　確かに、ソフトウェアの操作方法や機能、表計算ソフトの関数等を教え込み、問題演習を多く行うと、特定の問題を効率よく解く能力を身につけることができる。しかし、実際のビジネス活動においては、必ずしも答えがあったり解き方が決まっていたりするとは限らない。何をどのように処理する必要があるのか、どのソフトウェアを使えばよいのか、何が課題であるのか等も実際のビジネス活動では自分で判断する必要がある。

　このように、課題自体が明確に定まっていない実際のビジネス活動においては、特定の手順での解決方法を教えるのではなく、さまざまな状況に対応できるよう手順自体を考えさせる学習スタイルが適している。その方が状況に応じた手法を用いて不特定の課題に柔軟にアプローチする、より実践的な力を養うことができるからである。このことを踏まえ、教科「商業」の情報教育の指導法を考えるにあたっては、実際の現場と同様にさまざまな解き方が存在すること、求められる解答が1つとは限らないこと、さらに、「コンピュータを使うこと」ではなく「ビジネス活動での課題を解決する」という視点が最優先されることに注意を払う必要がある。

(2) プログラミングの指導法

　ここでは、教科「商業」における情報教育のあり方に沿った実践例として、科目「プログラミング」の取り組みを報告する。

　① **指導上の注意点**　　生徒の多くは、教科「商業」の「プログラミング」の授業を通して人生で初めてプログラミングに接することになる。そのため、

まずは、プログラミングの役割や特徴、基本構造等の初歩的な内容から教える必要がある。コンピュータを動かしながら基本構造を体験するために「アルゴロジック[10]」を活用したり、実際にプログラムをつくりながらプログラミングが創造的で答えが1つとは限らないことを学ぶために、「Scratch[11]」や「Viscuit[12]」を活用したりするとよい。

　次に、プログラミングの基本的な文法を教える必要がある。実際に課題を通してプログラムをつくりながらトライ＆エラーを繰り返して学んでいくことが望ましい。そうすることにより問題を解く手順を生徒自身に考えさせることができる。また、教える文法は繰り返しや判断等の基本的な命令だけでよく、課題を解くことを通してそれらの組み合わせ方を考えさせることが重要である。

　なお、課題は特定の解答を求めないものが望ましい。例えば、データを読み込んだ後に処理結果を画面に表示するという課題の場合、課題のなかに処理結果の条件を細かく示すのではなく、「分析した結果を画面に表示しなさい」とだけ指示するとよい。そうすることにより、生徒は「何を分析すればよいのか」「どのように表示すればよいのか」等とプログラムをつくることによって解決すべき本来の目的を考えることができるからである。

　また、授業で取り扱うプログラミング言語も、ビジネス活動で直接使うことができるかどうかという視点で選択する必要がある。そこで筆者は、プログラミング言語「VBA」を科目「プログラミング」の授業で用いている。VBAはビジネス活動で多く使用されている表計算ソフトやデータベースソフトの機能をカスタマイズしたり、自動化したりすることができるからである。なお、プログラミングをビジネス活動における課題解決や業務改善の手段として位置づけるならば、流れ図やアルゴリズムの指導は重要ではないと考える。確かに、プログラムの処理を流れ図で表現することを通して論理的な思考力を養うことができるかもしれない。しかし、それは流れ図をつくらずにプログラムを作成することを通しても養うことができるし、何より、流れ図をビジネス活動で直接使用する場面が少ないので、指導する必要性は乏しいと考えるからである。成果物としての流れ図を作成したり、より効率のよいアルゴリズムを考えたりすることが必要なのは、教科「商業」ではなく情報技術者を育成する専門教科「情報」の役割ではないだろうか。

② **具体的なプログラミングの授業例**　実際のビジネス活動を想定して以下の課題を授業で行った（図表9-5）。

　この課題の一番単純な解決方法は、企業ごとの取引額のデータを1件ずつコピーしてその手紙を印刷するという作業を200回繰り返すか、宛先等が白紙の挨拶文を200枚印刷してから200件分のデータを手書きするというものである。

　もちろん、その解決方法でも挨拶文を作成するというビジネス活動を解決し

図表9-5　ビジネス活動を想定したプログラミングの課題

　あなたは地元の食品会社に事務員として就職しました。その会社は、昨年200社と取引をしました。働き始めて8ヶ月経ったある日、あなたは上司に次のような仕事を任されました。

　　　「昨年取引のあった200社に新年のご挨拶の手紙を書こうと思う。単に同じ文面を送るのではなく、企業毎の昨年の取引額や取引回数を手紙に書き入れたい。200社の企業名や取引額が入力されたデータを渡すので、それぞれの企業に合った取引額等を記載した手紙を作って欲しい。」

　そして、企業の取引データ一覧と挨拶文のサンプルが入力されたMS-Excel形式のファイルを受け取った。

	A	B	C	D	E
1	取引先コード	取引先企業名	取引開始年	取引額	取引回数
2	1	A酒造	1977	1,922,712	24
3	2	B製菓	1994	290,490	6
4	3	C本社	2011	1,991,125	46
5	4	D産業	2014	1,888,956	24
6	5	E食品工業	1980	1,508,851	21
7	6	F園	2007	1,670,225	31
8	7	Gミルク	1991	1,173,439	24
9	8	H食品	1986	1,020,396	14
10	9	I冷凍	1991	1,263,212	25
11	10	J物産	1993	987,550	15
12	11	Kフーズ	1991	721,396	9
13	12	L飴	2007	1,483,033	21
14	13	M製粉	1977	1,091,735	25
15	14	Nホールディング	2000	329,085	4

取引データ一覧

▲	A	B	C	D	E	F	G	H	I
1									
2			御中						
3							株式会社　山田商事		
4							代表取締役　　山田　隆志		
5									
6			新年のご挨拶						
7									
8		あけましておめでとうございます。							
9									
10		本年も変わらぬお引き立ての程よろしくお願い申し上げます。							
11									
12		お客様におけます弊社との昨年のお取引は下記の通りとなります。							
13		本年も宜しくお願いいたします。							
14									
15			記						
16									
17									
18		1　取引開始年				年			
19									
20		2　取引額				円			
21									
22		3　取引回数				回			

挨拶文のサンプル

ているのでよいのだが、MS-Excel だと取引先コードをキーとした VLOOKUP 関数を用いた方が入力の手間が省略でき効率よく印刷できる。しかし、それでも取引先コードを 1 件 1 件変更したり、印刷ボタンを 200 回クリックしたりする手間が生じる。そこで、取引先コードの変更と印刷を同時に行う命令を 200 回繰り返すプログラムを VBA で記述するとよい。そうすることにより、ボタンを 1 回クリックするだけでそれぞれの企業に合った取引額等を記載した挨拶文を 200 枚印刷することができる。

　この課題では VLOOKUP 関数と VBA を組み合わせたプログラムが模範解答のかたちで存在するが、自由に解き方を考えさせることを通じて生徒からさまざまな解答を導き出すことが重要である。VLOOKUP 関数を使うという発想が浮かばなかった生徒は、VBA プログラムを用いてデータを 1 件ずつ挨拶文に埋め込むかもしれない。挨拶文部分を MS-Word に貼りつけて MS-Excel ファイルを DB に見立てて差し込み印刷をするかもしれない。このようなさまざまな解答を呼び起こすためにも、教師は生徒に指示やヒントを与えすぎないよう留意する必要がある。

他の課題例として、商品コードと売上数量だけが記録されている CSV ファイルのみを与えて「売上記録を分析するプログラムをつくりなさい」というものがある。処理条件や出力形式は一切与えず、先入観をもたせないために分析結果の例示も行わないようにした。生徒は、分析する過程で並べ替えが必要だったのでマクロの記録機能を自分で調べて使ったり、他の授業で学んだ ABC 分析を手法として用いたり、ファイル名をプログラムのソースコードに埋め込むのではなくユーザーに入力させるようにして汎用性をもたせたり、課題に対してさまざまなアプローチを行っていた。

　ここで重要なことは、売上記録を分析するというビジネス活動を達成することであり、プログラムのソースコードをつくることではない。事実、プログラム部分はファイルを読み込む際に使用するのみで、四則演算やグラフの作成等は表計算ソフトの機能を使っている生徒も多かった。表計算ソフトの機能に任せるべきところは任せ、それを補うかたちでプログラム部分を作成するということは、さまざまな状況に対応する実践的な能力であるといえよう。

　以上のような課題の内容がビジネス活動で実際に発生するかどうか、課題を解くうえで得た処理手順が現実に役立つかどうかは問題ではない。生徒自身が自分の頭で課題を分割して考えたり、どのような手順で解けばよいのかと悩んだり、さまざまな手法を用いて試行錯誤を行ったり、さまざまな解決方法があることを知ったりすること自体が実践力を養うことになる[13]。

　③　**生徒の反応**　　課題を通して学んだ知識や技術を構成していき、さらに解き方自体を考えるという授業のスタイルに戸惑う生徒が多いことも事実である。しかし、待っていても解き方や解答を教師が教えてくれるわけではなく、自分で考え抜かなければ課題を解決することができないことを生徒が理解した時点で、課題に取り組む態度が積極的になってくるように感じている。

　授業に対する生徒の感想として、「プログラムが思い通り動いたときの達成感がすごかった」「作る側の立場になってみると難しかったけれど面白かった」という一般的なプログラミング教育に対する肯定的な意見だけでなく、「解けるまで自分で解くということを学んだ」「答えがないので自分でしたい処理を考えて、様々な考え方や見方を行うという力を身につけることができた」という意見もみられた。

Ⅵ　おわりに

　ビジネス活動で直接活用するということと、実践力を養うということを教科「商業」における情報教育のあり方とするならば、先に述べた SQL や Java を取り扱う意義の薄さは自ずと明らかになるのではないだろうか。また、検定試験の問題を前提としてその解答にたどり着く解法を教える授業手法と、課題からスタートし、特定の解答を想定せずに解決手段自体を考えさせて実践力を養う授業手法とでは、育成する能力は全く異なってくる。

　冒頭で述べたように、近年のビジネス情報分野の授業は情報処理検定の受験指導を通した授業に大きく依存している。そのことの是非に関わる議論はさまざまであるが、少なくとも検定試験に合格させることだけを授業の目的にすべきではないだろう。商業科での商業教育を通して身につけさせたい能力は何なのか、どのような生徒を育てたいのか、教科「商業」の情報教育は教科「情報」と何が違うのか等を考えたうえで、情報処理検定を授業で活用する必要があるのではないだろうか。

　教科「商業」の情報教育をいかに捉えるかによって、授業で扱うプログラミング言語の選択は変わり、検定試験の役割も変わる。さらに、義務教育段階での情報教育、ICT 環境の整備状況、教科「商業」自体の専門教科としての意義等、今後の情勢によって教科「商業」における情報教育のあり方も変わってくるといえよう。どのような変化があっても「教科『商業』での情報教育」という視点を忘れないようにしたいものである。

【注】

1) 全商協会（2016）。1994 年から 2002 年の期間は、情報処理検定受験者にコンピュータ利用技術検定受験者を含めている。
2) 全商協会情報処理研究部（2017）43 ページより算出。
3) 岡田（1991）61 ページ。
4) 文部科学省（2010a）2 ページ。
5) 2009 年改訂の高等学校学習指導要領では、「普通教育に関する各教科・科目」を「各学科に共通する各教科・科目」という表現に改めている。
6) 文部科学省（2010b）6 ページ。

7）2016 年 4 月 27 日に開催された中央教育審議会産業教育ワーキンググループ（第 7 回）において、当時、東京都立第三商業高等学校長であった中山博之委員が、教科「情報」と教科「商業」の情報分野のすみ分けについて言及しているが、具体的なすみ分け方や相違点の明示がされるには至っていない。

8）文部科学省（2010c）4 ページ。

9）高橋（2007）では、商業科の情報関連の小学科は専門学科「情報科」に転換することが教科「商業」と教科「情報」の双方にとって有効であるという指摘がされている。現に専門学科「情報科」を設置している全国 19 校のうち、岐阜県立大垣商業高等学校、香川県立坂出商業高等学校、長崎県立諫早商業高等学校等、商業高校は多数存在する。

10）一般社団法人　電子情報技術産業協会（JEITA）が開発したアルゴリズム体験ゲーム。HP には授業での使用事例や学習用ワークシートも公開されている。詳細は、JEITA アルゴリズム体験ゲームアルゴロジック HP を参照されたい。

11）MIT メディアラボのライフロングキンダーガーテングループによって開発および維持が行われているプログラミング言語。

12）原田康徳氏によって開発されたプログラミング言語。

13）なお、ここで例示した課題のデジタルデータは筆者 HP「教科商業の道具箱」（http://syougyou.sakura.ne.jp/）、2018 年 7 月アクセス、で公開しているので参照されたい。

【参考文献】

岡田修二（1991）「学校制度と商業教育」河合昭三・雲英道夫・岡田修二・山田不二雄編『新商業教育論』多賀出版。

全商協会（2016）「検定受験者数年度別集計表」全商協会 HP（http://www.zensho.or.jp/puf/）、2018 年 5 月アクセス。

全商協会情報処理研究部（2017）『情報教育』第 63 号。

高橋律（2007）「高等学校の教科『情報』と教科『商業』との連関について」『中央学院大学人間・自然論叢』第 25 号

文部科学省（2010a）『教育の情報化に関する手引き』。

文部科学省（2010b）『高等学校学習指導要領解説　情報編』。

文部科学省（2010c）『高等学校学習指導要領解説　商業編』。

文部省・文部科学省（各年）「学校基本調査」文部科学省 HP（http://www.mext.go.jp/）、2018 年 3 月アクセス。

山川進（1959）「商業教育の性格」名古屋大学教育学部附属中・高等学校編『名古屋大学教育学部附属中・高等学校紀要』（名古屋大学）。

JEITA アルゴリズム体験ゲームアルゴロジック HP（https://home.jeita.or.jp/is/highschool/algo/）、2018 年 4 月アクセス。

（佐々木　明）

実践に学ぶ3
検定試験を活かした進路指導

はじめに

　高等学校商業教育における「検定試験」は、学習指導と進路指導という２つの観点から有用とされてきた。学習指導においては、生徒の授業に対する動機づけとして用いられることが多く、検定試験に「合格」することを通して、さらに高度で専門的な学習へ向けた挑戦を促す役割を果たしている。また、進路指導においては、各種検定資格の取得が大学の推薦入試や全商協会（全国商業高等学校協会）の大学特別推薦の応募要件となっているため、多くの学校でその価値を必要十分なものとして扱っている。

　これらのことを踏まえ、本校（栃木県立宇都宮商業高等学校）における検定試験の指導を通じた進路実績向上の取り組みについて報告したい。

各種検定試験への取り組み

(1) To-Plan（トゥープラン）の実施

　本校では2005年度より、日商簿記検定（日本商工会議所主催簿記検定）や経済産業省が主催する情報処理技術者試験などの高度な資格試験と、全商協会主催の検定試験１級３種目以上合格に対応することを視野に入れて、それまで50分６時間であった１日の授業時間を45分７時間に変更した。そして、この時間を「Together（共に）」と「Tomorrow（明日へ）」の頭文字から「To-Plan」と名づけ、７時間目は課外授業として検定試験の受験指導にあてるとともに、学年や時期に応じて、進路指導やキャリア教育推進のための時間として活用できるようにした。

　ところで、To-Plan導入以前は、卒業までに全商協会主催の検定試験１級３種目以上に合格する生徒は学年全体の10％未満であったが、現在では95％以上に達している。この合格率の大幅な改善を実現したのは、To-Planによって各生徒が目標とする検定試験の指導を授業時間内に実施できるようになったことと、同時にそれが、生徒の目的意識を高める役割を果たしたことの相乗効果によるものと考えられる。

　また、検定試験に向けた学習のなかで生徒が身につけた「前向きに取り組む姿勢」は、普通教科の授業にも好影響を与えており、教科「商業」以外の教員からも「授業態度がよくなった」「基礎学力が向上してきた」など好評である。そのためTo-Planの時間は、検定試験の受験指導以外にも英語学習や小論文指導などで活用されるようになっている。

　なお、To-Planのなかで、生徒に短期的な目標を絶えずもたせ、積極的に学習に取り組む姿勢を維持させるために、年間を通じて各種試験が多数実施されて

いる全商協会主催の検定試験を活用することは有益であると考えている。

（2）検定試験の合格状況

　では次に、To-Plan の取り組みの成果についてさらに詳しくみることにする。To-Plan の成果が顕著に表れているのは、全商協会主催の検定試験合格状況である（図表1）。特に2006年度と2008年度から2012年度の5年間、さらに2016年度は、1級3種目以上の合格者数が全国の商業高校のなかで1位であった（合格者数で1位ではなかった年度でも、学年5学級規模以上の商業高校における合格者率では全国1位であった）。この「全国で1番」という結果は、生徒にとっては「自分たちも先輩に負けないように」「もっと高度な資格試験に挑戦したい」等、より高い目標へ導く原動力となり、教員にとっても指導した結果が成果として表れることが自信となり、さらに高度で専門的な知識や指導法を習得して、生徒に還元していこうという意欲の向上につながっていると感じている。

　それ以外にも、卒業学年で日商簿記検定2級に約80名、基本情報技術者試験に約20名の合格者を継続して輩出できるようになり、日商簿記検定1級、全国経理教育協会簿記検定上級、応用情報技術者試験、情報処理安全確保支援士試験などの高度な資格試験の合格者も現れるようになった。

図表1　全商協会主催検定1級3種目以上合格者数と合格者率の推移

出所：本校進路実績より筆者作成。

検定試験の合格率向上から進路指導へ

　さらに、検定試験合格率が向上することによって、進路状況にも変化がみられるようになった。具体的には、To-Plan 実施前の 2004 年度卒業生の全商協会主催検定 1 級 3 種目以上の合格者率は 28.2％にすぎず（図表 1）、その進路状況は専門・専修学校が 3 割、四年制大学が 2 割程度であったが（図表 2）、同 1 級 3 種目以上の合格者率が 82.2％に達した 2010 年度からは、その数値が逆転して四年制大学への進学者が 3 割以上に増加した（就職者は毎年 4 割程度と大きな変化はない）。

　ところで、本校では、これまで指定校推薦による受験が最も多く、次いで公募推薦という状況であったが、2010 年度からは全商協会大学特別推薦を利用した進学が増加してきた。2016 年度には 20 名を上回ったが、この制度の活用が大学の進学実績の向上につながっていることは明らかである。なお、この制度に応募する生徒が増加したのは、英語科教員の努力によって英語検定（全商協会の検定試験のなかでも合格難易度が高いとされる）の合格者が増え、その結果、進学先選択の幅（図表 3）を広げることができたからである。

　このように進学実績が向上した結果、「商業高校からは大学へ進学できない」という理由で、従来は近隣の普通科高校に進学していた中学生が本校を志望する

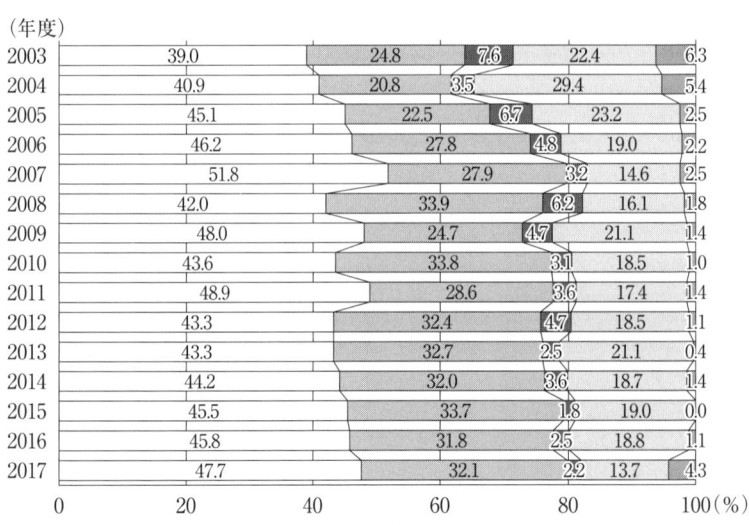

図表 2　進路内訳の変化

出所：本校進路実績より筆者作成。

A グループ：出願要件に全商英語検定を指定しない大学
駒澤大学、高千穂大学、立正大学、中京大学、大阪商業大学、神田外語大学、東京経済大学、千葉商科大学、帝京大学
B グループ：出願要件に全商英語検定を指定している大学
拓殖大学、中央大学、日本大学、法政大学、関西大学、同志社大学、立命館大学、関東学院大学、専修大学、國學院大學、明海大学、関西学院大学、立正大学、東京経済大学、獨協大学

（東京経済大学は A・B 両グループに制度あり）
出所：「全商協会大学特別推薦一覧」全国商業高等学校長協会 HP（http://www.zensho.or.jp/）、2018 年 1 月アクセス、をもとに筆者作成。

ようになり、入学者の学力層にも変化がみられるようになった。まさに、検定試験の指導と各種推薦入試を活用した進路指導で難関大学への進学を可能にした、To-Plan の取り組みの成果にほかならないといってよいであろう。

おわりに

　以上、本校における検定試験の指導を通じた進路実績向上の取り組みについて述べてきた。生徒は検定試験に挑戦することで、検定試験の「合格」と、その延長線上にある「進路実現」という 2 つの達成感を得ている。同時に、それに続く後輩たちは、さらに高みを目指して努力を重ねるという好循環が学校内にでき上がり、年々その実績は高く積み上げられてきている。

　To-Plan の取り組みは、生徒自身の「学びたい」という意欲を引き出しながら、検定試験合格へ向けた努力を学校全体で支援する取り組みである。この取り組みの中心に検定試験を位置づけることは、生徒に学習の目標を明確に示し、その目標に向かって努力する環境をつくり出していることにほかならない。そして、検定試験合格に向けた学習の過程で、何事にも努力を惜しまない姿勢が生徒 1 人ひとりのなかに育まれていると確信している。

（斎藤　雄一郎）

第10章

総合学科における商業教育の
現状・問題・可能性

Ⅰ　はじめに

　高等学校における商業教育は、商業科だけでなく一部の普通科や総合学科で
も行われている。そして、そのなかで活用されている検定試験は、合格者数や
合格率などの明確な結果が出ることや生徒の学習の動機づけとして、高等学校
商業教育では重要な役割を担っている。さらに、検定指導に取り組むことに
よって生徒の学校へのコミットメントを維持するとともに、対外的なわかりや
すいPR材料として活用されている面もあるため[1]、検定試験は商業科のみな
らず総合学科においても授業のなかに深く入り込んでいる。

　ところで、検定試験は商業教育の有用性を示す有力な手段となっているはず
である。にもかかわらず、商業高校は減少の一途をたどり、商業教育を担う場
が商業科から総合学科へ置き換わっている現実がある。この総合学科への移行
をどのように捉えるべきなのか。また、高等学校における商業教育はもはや不
要なのであろうか。筆者は、総合学科やそこでの商業教育のあり方について考
えていくうちに、商業科からそのままもち込まれる授業、つまり、検定試験を
中心とした授業が総合学科の特色を損なわせているのではないかと考えるよう
になった。そのような問題意識に基づき、本章では静岡県内の総合学科で実施
した2つのアンケート結果をもとに、総合学科において教員が検定試験に固執
する要因とその影響について考察を試みる。そして今後、総合学科で追究すべ
き商業教育とはいかなるものか、筆者の経験をもとに私見を述べたい。

　なお、本章で用いるアンケート結果は、2015年に静岡県内の総合学科10校
の商業科教員30人が回答したもの（アンケートA）と、同年にある総合学科の
商業系列に所属する生徒78名（1年次44名、2年次34名）が回答したもの（アン

ケート B）である。

Ⅱ　総合学科における商業教育の現状・問題

(1) 総合学科における商業教育の現状

　商業科教員に行ったアンケート A では、「現在は検定試験に重点を置いた授業が多いか」という問いに、「強く思う」が 2 名（7%）、「思う」が 18 名（60%）、「思わない」が 10 名（33%）、「強く思わない」が 0 名（0%）であった。「思わない」と回答した教員 10 名の所属校は 3 校のみで、残り 7 校の教員 20 名が検定試験に重点を置いていると回答した。さらに、「定期試験は検定試験と連動しているか」という問いに、「強く思う」が 1 名（3%）、「思う」が 13 名（43%）、「思わない」が 14 名（47%）、「強く思わない」が 2 名（7%）であった。この 2 つの質問項目から読み取ることができるのは、67% の教員が検定試験に重点を置いた授業が多いと答え、定期試験と検定試験の内容が一致すると感じる教員が 46% に及んでいることから、総合学科においても検定試験を中心とした授業が行われているということである。

　一方、「総合学科では専門高校と同じ教育はできない」という問いに、「強く思う」が 11 名（37%）、「思う」が 16 名（53%）、「思わない」が 3 名（10%）、「強く思わない」が 0 名（0%）であった。また、「総合学科では商業教育の専門性は高められない」という問いに、「強く思う」が 7 名（23%）、「思う」が 13 名（43%）、「思わない」が 10 名（33%）、「強く思わない」が 0 名（0%）。「専門性を高めるためには全商検定は必要だ」という問いに、「強く思う」が 2 名（7%）、「思う」が 15 名（50%）、「思わない」が 13 名（43%）、「強く思わない」が 0 名（0%）。「商業科として全商 1 冠を出す必要がある」という問いに、「強く思う」が 3 名（10%）、「思う」が 9 名（30%）、「思わない」が 16 名（53%）、「強く思わない」が 2 名（7%）であった。

　このことから、総合学科では 90% の教員が商業高校と同じ教育ができないと感じ、67% の教員が総合学科では商業教育の専門性を高められないと感じていることがわかる。なお、ここでいう専門性とは検定試験を上位級の合格に向けて段階的に学ばせることである。そして、その専門性を高めるために全商

（全国商業高等学校協会）検定が必要であるとする教員は57％であり、生徒を全商検定試験1級に1つは合格させるべきであると考えている教員が40％であった。

(2) 総合学科における商業教育の問題点

　①　**総合学科と商業科の違いから**　　次に、総合学科と商業科の違いに着目して、総合学科における商業教育のあり方と問題点について考察したい。

　アンケートAの結果から、総合学科では、その履修システムの違いにより検定試験を上位級の合格に向けて段階的に学ばせることが難しいと感じている教員が多いことがわかった。それは、商業科のカリキュラムでは1年次に「簿記」「情報処理」「プログラミング」などの科目を設置し、卒業時までに上位級の取得を目指させることが可能であるが、総合学科のカリキュラムではそれができないためである。つまり、総合学科のカリキュラムでは1年次に多くの共通必履修科目と「産業社会と人間（2〜4単位）」を原則履修させるため、初年次に教科「商業」の科目を履修できたとしても、わずか1科目程度でしかない。さらに、生徒がその選択枠に「商業」以外の基礎科目を選択する可能性があり、生徒全員に「商業」の基礎的科目を学ばせることは難しい。総合学科では基本的に生徒が自らの進路や興味関心に応じて自由に科目を選択するため、2年次以降、これまで「商業」の基礎科目を履修してこなかった生徒にも、「商業」の科目を多く履修している生徒にも、同じように対応できる授業内容を準備することが求められる。また、全国の総合学科の卒業生の進路は、大学等への進学が3割、専修学校等への進学が3割、就職が3割[2]となっており、実に多様な進路選択をしている。したがって、生徒の興味関心に応じた自由な科目選択を保障し、生徒の多様な進路希望に対応した教育を行うという総合学科の理念から考えると、総合学科における商業教育は、特定の知識や技能をひたすら向上させる教育（検定試験を中心とした授業）よりも、基礎・基本を重視し、商業に関する職業に対して興味関心を芽生えさせる「職業の導入教育」のような教育こそ重要なのではないだろうか（これについては、後で詳しく述べることにする）。

　その論拠として、総合学科の教育を通して、特定の分野に関心が高まり、専門的により深い学びを求める場合には、専門学科への転学を配慮する[3]と文部科学省が示していることを確認することができる。

総合学科における商業教育が「職業の導入教育」であるとするならば、教科「商業」の限られた授業において、検定試験に固執する必要があるのだろうか。総合学科は生徒の主体性を伸ばすという特色があるのだから、授業では職業や上級学校での学びに繋がる動機づけや、商業の基礎・基本だけを扱い、検定試験の学習は生徒の自主性に委ねるといった教育の仕方も考えられるのではないだろうか。さらに、生徒の多様な興味関心や進路希望に応じる教育が求められるなかで、検定試験を中心とした授業は、総合学科の性質に馴染みにくく、教育の画一化に向かうものであるといえないだろうか。

　一般的に検定試験を中心とした授業の多くは、問題集を主な教材として使用し、問題を解く力だけを生徒に求める傾向がある。また、検定試験の問題を定期試験で出題したり、特定の級に合格するまで生徒に受験を義務化したりするケースもある。こうした授業が多くなることにより、総合学科の特色である「主体的な学習」「自己の進路への自覚を深めさせる学習」とは正反対の方向へ進んでしまう危険性があるのではないだろうか。次に、この点について考えてみたい。

　② **主体的な学習**　　総合学科の特色の1つは、「生徒の個性を生かした主体的な学習を通して、学ぶことの楽しさや成就感を体験させる学習を可能にすること。このため、教育課程の編成に当たっては幅広く選択科目を開設し、生徒の個性を生かした主体的な選択や実践的・体験的な学習を重視し、多様な能力・適性等に対応した柔軟な教育を行うことができるようにすること[4]」である。しかし、教員が検定試験に固執することにより、生徒の画一的な科目選択を招き、学習の動機づけの方法を制限する可能性があることは看過できない問題である。

　このことを具体的にみると、総合学科の授業で検定試験を取り扱う場合には、科目選択に際し、さまざまな条件を課すことが多い。例えば、「情報処理」の授業で情報処理2級を取得させ、その翌年には「ビジネス情報」で情報処理1級を取得させるような仕組みがある。そのため、「ビジネス情報」を選択するための条件として「情報処理」の授業で情報処理検定2級を学習済みであることを条件にするのである。また、検定試験を効率的に目指す履修モデルを示し、科目選択を推奨する場合もある。進路に不安を抱く生徒はこうした推奨に従い

やすく、複数の生徒の時間割が似通ったものになりやすい。

　ところで、生徒は選択の自由が奪われると、勉強することに対して反発的な意識さえもつのではないだろうか。児童生徒の学習意欲がわかない原因として、下田は、「児童生徒にとって、その学習が自分にとって必要ないか、または自分にとって関係がないと感じた場合に起こる[5]」と述べ、「内的必要感」の欠如と「内的関係性」の薄さの2つの内的連関の問題を挙げている。すなわち、自由度を欠いた科目選択は、学ぶことの必要性や自分との関係性を考えさせない状況を招き、生徒の学習意欲に負の影響を及ぼす可能性があるということである。このことを総合学科における商業教育にあてはめて考えてみると、教員は生徒の学習意欲を高める手段として検定試験を活用しているつもりでも、その意図に反して、検定試験が生徒の学習意欲を下げる要因として作用していることもあるのではないかということである。

　J・M・ケラー（Keller, J. M.）は学習意欲を高める方法として、面白そうだと感じさせる「注意」（Attention）、やりがいを感じさせる「関連性」（Relevance）、やればできそうだと感じさせる「自信」（Confidence）、やってよかったと思わせる「満足感」（Satisfaction）の4つの要素[6]を示している。この場合の「自信」によれば、検定試験の級をゴールに設定することは、わかりやすい目標として目的意識を生むことになる。さらに、検定試験に合格した場合には、やってよかったという「満足感」が得られるため、検定試験には学習意欲を高める効果があるといえる。しかし、検定試験を中心とした授業では、2級の次が1級というように生徒がやればできそうだと思う基準を「級」という単位でしか調整することができない。そのため、生徒が次に目指す級の合格は難しいと感じ、そのうえ、その受験が強制されたものであるなら、学習意欲を下げることになるのではないだろうか。

　さらに、検定試験の問題点として、出題される問題が全国一律の内容であるため、地域産業の実情や社会でリアルタイムに起こっている事象を取り入れにくいことがある。したがって、生徒に問題を解く能力だけを求める検定試験の受験対策授業では「関連性」を高めることができない。そして、検定試験では合否を判定するために点数をつけ、正答か誤答かだけを問うことから、デザインのような創作物や解決する方法が無限にあるようなものや、社会にある問題

や課題など立場の違いにより意見が異なるものを扱うことはできない。しかし本来、このような内容こそ生徒の個性を発揮させ、「関連性」でいうところの自分の味つけにすることやプロセスを楽しむことに繋がり、やりがいを生み出すことができるのではないだろうか。例えば、生徒に関わりが深い企業や地場産業を授業で扱い、答えが1つではない事柄について議論するようなことがあってもよいはずである。しかし、そのような授業は検定試験合格を目指す授業にとっては無意味なことである。

　また、検定試験を中心とした授業は、教員の教育に対する教え方や姿勢に多くの問題がある場合が多い。つまり、学ぶ意義や考え方の根拠を教えるような面倒なことは避け、生徒を合格させるために点数の取り方だけを教える傾向があるということである。そして、教員は検定試験の合格者数を増やすことに意識が向かうことから、検定試験の合格により教育目標を達成したと錯覚してしまう傾向がある。そのため、生徒の主体性や社会の一員としての態度育成など、総合学科が目指そうとする方向に意識がいかない場合が多いと経験的に感じている。言い換えれば、一度、検定試験の指導方法を確立すれば毎年同じ指導を繰り返せばそれで済むということである。さらに、検定試験は評価という観点からもわかりやすい基準であり、大学進学や就職試験の校内選考の材料として、また、対外的な PR 材料としても活用されている。そのため、検定試験を授業で扱うことがより強化され、社会の諸問題や地域に応じた授業改善の模索がより少なくなっていると考えることができるのではないだろうか。

　また、1つの科目を複数の教員が担当する場合、生徒に同じ授業内容を提供する必要性があるために、授業の進度や評価方法、さらに定期試験の問題を統一することまで求められる。このようなとき、これまで検定試験の指導ばかり行ってきた経験の長い教員が主導権をもつことが多く、授業内容を工夫する余地がなくなってしまう。

　文部科学省は、「今日、中学校卒業者の95％に及ぶ者が学んでいる高等学校には、能力・適性、興味・関心、進路等の極めて多様な生徒が入学しており、このため、その教育の水準や内容については一律に固定的に考えるべきものではなく、できる限り幅広く柔軟な教育を実施することが必要となってきている[7]」とし、生徒の主体的な学習を促すために、その学校、地域、教員などの

特色を生かし、生徒の個性が発揮される教育を行う必要があるとしている。しかし、総合学科の商業教育の現状は、教員が検定試験に固執するあまり、生徒や地域の実情に応じて授業を工夫する余地をなくすことになっているといえる。

③ **自己の進路への自覚を深めさせる学習**　総合学科の特色の１つは、「将来の職業選択を視野に入れた自己の進路への自覚を深めさせる学習を重視すること。このため、在学中に自己の進路への自覚を深める動機づけとなるような科目を開設する[8]」ことである。つまり、総合学科における教科「商業」の授業には、職業選択の幅を広げるとともに、教科「商業」に隣接する経済・経営・商・法学部などへ進学した際、そこでどのような学習をするのか体験させることも目的の１つとしてあるのではないだろうか（以下、このようなものを進路ガイダンス機能と呼ぶことにする）。

アンケートＢでは、総合学科の生徒に将来就きたい職業とその理由について質問した。理由の自由記述欄に「商業の授業で学んだことや検定試験を活かしたい」と回答した生徒が 78 名のうち 20 名（26%）に上った。つまり、生徒は「商業」の授業を通して身につけた知識や技能をもとに進路を考えていることがわかる。このことは、総合学科において職業に関する知識や技能を教育内容として準備することは、生徒の進路意識を向上させると同時に、実際の職業の厳しさややりがい、求められる能力を示す必要があるといえよう。しかし、実際の総合学科における商業教育は、特定の知識や技能を高める授業（検定試験を中心とした授業）が多いため、授業で扱う産業と職種が限られ、実際の職業を反映していない問題がある。それは、上記 20 名のうち 18 名の生徒が第２希望までの進路希望に事務・経理という共通した職業を回答し、授業は簿記や情報処理といった検定試験を中心とした内容であったことから、生徒は事務・経理という職業を連想し、自分の適性とは無関係に職種を考えていると推測できるのである。

次に、商業教育を担う教員の状況をみてみたい。アンケートＡで回答が得られた 30 名の教員のうち、教職以外の仕事に就いた経験があるのは２名（7%）であった。また、「教えている内容を実務で使うのかあいまいだ」という問いに、「強く思う」が１名（3%）、「思う」が 16 名（53%）、「思わない」が 13 名（43%）、「強く思わない」が０名（0%）であった。この数値から、商業科の授業

を担当する教員の多くは企業での実務経験がないため、実際の職業を授業に反映しにくいといえるのではないかということである。

④　**問題の核心部**　　このように、総合学科における商業教育の問題は、旧来から商業高校で行われてきた検定試験を中心とした授業がそのままもち込まれることにより、総合学科の特色であるはずの生徒の多様な興味関心に対応することや進路ガイダンス機能が最大限に発揮されていないことである。検定試験の本来の目的は、学習の到達度を確認し、知識や技能が一定水準に達していることを認定することである。しかし、その目的を超えて授業内容そのものになっている現実がある。そこに総合学科の設立された意図やその学校の教育目標、検定試験のメリット・デメリットは十分検討されていない。つまり、問題の核心は、検定試験をもち込むことでしか授業を成り立たせることができない質の低い教育や、変化を好まない教員の意識のなかにあるといえるのではないだろうか。

Ⅲ　総合学科でも教員が検定試験に固執する要因

(1) 教員の経験

さらに、総合学科において教員が検定試験に固執する要因について考察してみたい。アンケート A の「高校在学時に商業を学んだことがあるか」という問いに 15 名（50%）が「ある」と答え、「商業高校に勤務経験があるか」という問いに 24 名（80%）が「ある」と答えた。

高等学校商業教育の現場では「専門性を高めよ」と叫ばれ、検定試験の上位級に生徒を合格させるために、教員にもそれを指導するだけの力量が求められるとともに、教員間に生徒を何人合格させたかという競い合う心理も働いている。そのことを踏まえてアンケート結果を考えてみると、①自身が商業科の生徒として検定試験を中心とした教育を受けてきたため、そのような授業のあり方に何の疑問ももたず教壇に立っていること、②教職経験を積んだ教員であっても、これまで商業科で検定試験を中心とした授業しか行ってこなかったため、それ以外のことができないこと、③企業での実務経験がない教員が多いために、検定試験以外の指導ができないこと、これら 3 点が要因として絡み合い、本来

は新しい教育が求められるべき総合学科においても、旧態依然とした検定試験を中心とした授業が蔓延していると考えられるのである。

(2) 教科の性質と教育環境

　一概に実務経験といっても、教科「商業」ではどのような職業を扱うのか焦点を絞りにくい。教科「商業」の教育内容は主に第3次産業を担うとされ、小売、運輸、通信、飲食、金融など幅広い産業と職業を含んでいる。そのため、教員は多くの産業と職業に共通して必要な事柄を教科書や問題集をもとに考え、授業を行おうとする。しかし、教科書と黒板を中心とした抽象的な学習では、生徒の興味関心をかき立てることが難しいため、生徒にとってわかりやすい検定試験を安易な動機づけとして活用しているのではないだろうか。また、普通教室ではどうしても一斉授業が中心になることから、効率よく授業を進める1つの手段として検定試験が活用されているとみることもできる。

(3) 検定試験は生徒のニーズなのか

　ところで、教員が「検定試験は生徒のニーズである」と錯覚していることはないだろうか。アンケートBでは、生徒が商業の系列（科目群）を選択した理由として、「資格検定の取得ができる」が全体の47%で最も多い回答であった。確かに生徒は検定試験の受験を希望しているようにみえる。しかし、そう回答した生徒に「取りたい資格検定は何か」と複数回答が可能な聞き方をしたところ、「特に資格検定名は知らなかった」が37名、「全商検定」が39名、「日商簿記検定」が9名であった。続いて、「なぜ資格検定を取ろうと思ったのか」と複数回答が可能な聞き方をしたところ、「ないよりあった方が良い」が48名、「転職に有利」が17名、「校内選考で有利」が21名、「給与に反映する」が5名であった。このことから、生徒は検定試験や資格の詳細を知らない状態で「あった方が良い」と考え、検定試験を要望している可能性が高い。このような生徒の状況を教員が「生徒のニーズ」と誤解していないだろうか。

(4) 評価基準としての検定試験

　就職選考や大学進学に際し、検定試験が活用されることも多い。就職者に対

しては校内選考の資料として、大学進学者には推薦入試やAO入試で、検定資格の取得が推薦要件として用いられる。教員からみれば、生徒が希望の大学に確実に合格できるよう指導することは当然のことである。事実、アンケートAの「生徒の進路実現のためには検定取得が重要だ」という問いに、「強く思う」が5名（17%）、「思う」が20名（67%）、「思わない」が5名（17%）、「強く思わない」が0名（0%）であり、生徒の進路のために検定試験を取り入れることは重要であると答えた教員が84%にも達した。

　総合学科において検定試験から離れた授業ができない理由の1つに、この推薦入試やAO入試の出願要件の問題があるといえる。進路実現の観点からみると、検定試験を活用した大学進学は生徒や保護者も望むことであり、その進路実績を通じて学校が地域から信頼を得ていることも事実である。しかし同時に、そのための検定指導が総合学科の教育の特色を失わせる要因となっていることには注意が必要であろう。

Ⅳ　総合学科での商業教育の可能性

(1) 解決策の考察

　筆者は、商業科における商業教育とは異なる概念として、総合学科における商業教育を「職業の導入教育」として定義し、議論を始めることが必要だと考えている。それは、特定の知識や技能を高めること（検定試験を中心とした授業）ではなく、主体的な学習を促し、進路意識を芽生えさせ、誰にでも必要な基礎的かつ総合的な教科としての商業教育で、次のような要素を備えたものである。

　① **学ぶ意義を感じる総合的性質**　主体的な学習を促すためには「内的必要感」と「内的関係性」を高める必要があることについてはすでに述べた通りである。学ぶ意義を感じるためには、学ぶ内容がわれわれとどのように繋がっているのかを理解することが重要である。

　下田によれば、学習内容は現実世界の事象を精選して、児童生徒が現実世界を生きるうえで必要なエッセンスを体系化したものである。したがって、学習内容と現実世界の事象とは、もともと有機的に繋がっているものである。ところが、学習内容や題材を教材化する場合、その有機的な関連がはずれてしまう

のである。現実世界の事象はいわば「全体」で、その「全体」を分析し細分化した学習内容や題材・教材が「部分」となる。そうすると「全体」と「部分」の関係が失われ、児童生徒は「全体」と「部分」の繋がりがわからなくなり、今行っている学習が自分にとって、どのような意味があるのか意識できなくなってしまう[9]、のである。

　細分化している学習内容では、学ぶ意義を感じにくく、学習意欲の低下が起きやすい。また、教育内容の実質的な「意義」ではなく、学業成績が進学の選抜基準として学習の動機づけに用いられている問題は、旧来から繰り返し指摘されている[10]。教育現場にあっては、生徒に「勉強しなければ、進学や就職ができない」と脅かしながら学習を促すだけで、学ぶ意義を教える機会はほとんどなかったのではないだろうか。このような問題を解消するためにも、学びの全体構造を意識できるような学習内容の「総合化」を図るべきである。

　さて、筆者はこのような学習の「総合化」を構想する際、以下の理由から教科「商業」は、他教科と連携して総合化をなす際の中核的な教科になることができるのではないかと考えている。教科「商業」の学習内容は売買業などの第3次産業に限定されるものではなく、第1次産業、第2次産業の経営、管理、生産、流通、事務等も含む産業横断的なものである。また、企業が事業活動を通して社会に貢献するCSR（企業の社会的責任）や企業理念についても商業教育で取り扱う内容であり、社会問題の解決を通し、社会とさまざまな教科を繋げる役割を担うことができるからである。

　教科を繋げる例として、森岡が、「ビジネス戦略の成否は『確率』で決まっている。そして、その確率はある程度まで操作することができる[11]」と述べているように、数学とマーケティングは深い関係がある。広告で人の目を引くキャッチコピーを考えることは国語と関係がある。さらに、食料品を加工・販売する際、加工に関しては家庭科や農業科と、添加物に焦点をあてれば化学と、身体への影響を考えれば生物と関係がある。販売における契約では、他教科では触れることができない法律を学ぶことができる。ビジネスマナーは顧客や従業員との信頼関係を築くための心理学と関係がある。福祉介護は社会的コストを削減するためのビジネス的な考え方が求められる。このように、教科「商業」は教科横断的な性質があり、他の教科・科目をわれわれの身近な事象と結

びつけ、学習動機を喚起する効果がある。

②　**実践的・体験的な学習**　総合学科の特色には、「実践的・体験的な学習を重視し、多様な能力・適性等に対応[12]」することが掲げられている。実践的・体験的な学習とは「実際にやってみる」学習のことで、例えば、販売活動を通して利益の算出方法をどうすべきか、マーケティング活動を通して集客できないか、情報機器を使い効率化できないか等々、生徒が主体的に探究する学びとして考えることができる。このような学習は、わからないもしくはできないというストレスを生徒に与え、学ぶ意義を感じさせるはずである。

学びには「基礎から積み上げる学び」と「基礎に降りてくる学び」があるといわれている[13]。つまり、専門高校は体系的なカリキュラムにより、さまざまな知識や技能を習得したうえで総合実践や課題研究などの探究的・実践的な授業に取り組むといった意味で、「基礎から積み上げる学び」である。これに対し、総合学科は、事前に教える内容を最小限にとどめ、体験や実践を通じて帰納的に「基礎に降りてくる学び」を展開することが可能になるということである。

③　**進路ガイダンス機能**　現代は分業化が進み、お金さえ支払えば商品やサービスを享受できる社会となっている。しかし、便利である反面、消費者である生徒にとっては産業と職業がどのように存在しているのかわかりにくい。同様の指摘は、文部科学省の「第80回初等中等分科会」でもなされている。それは、高等学校では、①将来の職業生活等を念頭に置いた教育を受ける機会が不足していること、②社会や産業構造の変化に対応した教育を受ける機会が不足していること、③職業に関する技術・技能と教科・科目の関連性が曖昧なこと[14]である。つまり、高等学校の教育内容は実際の産業構造や職業に対応しておらず、社会や教科・科目の関連性が希薄であるという問題を抱えている。そして、このことが学習意欲の減退や大学進学後の学業不振および学校生活不適応などの問題を引き起こしているのではないかということである。

荒川によると、「一昔前までは、『少しでもよい大学、よい会社』を目指すのが当たり前であった。しかし、今の高校生は ASUC（人気・稀少・学歴不問）職業に魅力を感じている[15]」というように、高校生の進路形成の二極分化が起きていることを指摘している。この学歴偏重や自分本位ともいえる将来の夢や興

味関心のみによる進路決定を打開するため、幅広い産業と職業がわれわれの何気ない生活を支えており、「誰かがやらなくてはならない」仕事があることを生徒に教えるべきであろう。産業構造や職業の種類とそこで求められる能力、お金や物の流れなどを学べば、就こうとする職業の社会的意義や現実的な姿もイメージを伴って考えることができるようになるのではないだろうか。

　熊沢は、すべての働く者にとって必要とされる共通の知識や技能を教える「職業教育総論」のような授業の必要性を訴えている。その具体的内容として、「この社会の分業構造のなかにあるさまざまな仕事の数的比率と、それぞれの仕事が果たす社会的役割と、社会的に要請される職業倫理」「働く人びとがこうした仕事について感じることのできるやりがい」「そのしんどさを同じ職場、同じ仕事、同じ地域で働くなかまと協同して改善する方途」「どんな仕事につくにせよ今日の職業人すべてに要請される教養の諸領域」[16] の４点を挙げている。この熊沢の主張を総合学科における商業教育に引き寄せて考えるならば、教科「商業」の幅広い学習分野や進路ガイダンス機能は、本来、すべての人に求められるものであるといえるであろう。

　一方、生徒に進路意識を芽生えさせるためには、社会に対する広い視野をもたせることも重要である。高校生は商品やサービスを消費する視点はもっているが、それらを提供する側の視点をもっていないことが多い。しかし、働く側の視点、つまり商品やサービスを提供し人々の生活を支える立場の視点は、企業や行政などが直面する諸問題を把握できるようになるためにも必要なのではないだろうか。「人のためになる仕事をしたい」という高校生は多いと感じる。その貢献したいという意思と諸問題を紡ぎ合わせるような、深い意味での進路ガイダンス機能が必要なのである。

(2) 「職業の導入教育」の場としての総合学科

　これまで述べてきた広い学問分野や職業に繋がる商業教育を実践する場は、多くの教科と科目を置いている総合学科が最適であると思う。例えば、総合学科においては、農業の授業で育てた農作物を観察し、育てた教員や生徒に話を聞き、マーケティング活動に使用することもできる。商業高校でこのような授業を行うのであれば、商品を仕入れなければならず、生産から流通、消費に至

る一連の過程を経験させることは難しい。

アンケートAの結果からもわかるように、総合学科では教員が検定指導を行いにくいと感じている。そのことからも、無理をしてまで検定試験の上級を授業で扱う必要はないのではないだろうか。言い換えると、総合学科は、あくまで基礎・基本に重点を置いた教育を行うなかで、多様性を育む教育システムを大切にすべきであるということである。また、教員の育成という面から考えると、狭く深い知識や技能をもつ（検定試験を中心とした授業ができる）教員ではなく、他教科と連携して授業をつくり出せる教員を育てることも、総合学科の教育システムだから可能になるのではないだろうか。

V　おわりに

筆者は、ここまで述べてきたこと以外に、以下の理由から総合学科を推進する必要性を感じている。

近年の急激な技術革新や就業構造の変化により、非正規雇用の割合が増え、かつてのように正社員として終身雇用が保障されにくくなってきている。このような不透明な状況では、生徒は中学校を卒業する時点で、将来の職業を決めることができず、進路先の決定を先送りする傾向がある。さらに、中学生が高等学校を選ぶ際の基準は偏差値に偏っているため、専門高校は普通科に行けなかった生徒の受け入れ先であることが多い。しかも、専門高校に進学するためには中学校段階で進路を決定しておく必要があり、景気変動による雇用状況の変化や生徒自らの進路希望が変わる可能性などを考えると、専門高校に行くことはある種のリスクになりかねない。これに対し、総合学科であれば、景気変動による雇用状況の変化に応じて進学にも就職にも対応することができる。

このように考えると、総合学科が進路に関する「モラトリアム」を積極的に認める高等学校で、片や専門高校は進路意識が固まった生徒を受け入れる高等学校という役割分担が可能になるのではないだろうか。

最後に、総合学科はさまざまな問題を抱え2008年を過ぎたころから設置数があまり伸びていない。それは、総合学科の理念に基づく教育が提供できていないことも要因として考えられるが、商業科の商業教育が最優先され、総合学

科への人員配置が軽視されているとも考えられる。しかし、総合学科における商業教育は商業科のそれとは別のものである。「職業の導入教育」ともいえる総合学科における商業教育を論じることは、総合学科の側から商業科の商業教育や進路指導に対して問題提起を行うことになり、停滞する商業科教育の現状も解決に導く可能性があるのではないだろうか。

　商業科の減少と総合学科の増加は、高等学校における商業教育が不要であることを意味しているのではなく、商業教育の内容を変化させることが求められていると捉えることもできる。総合学科が多くの人に理解され、「職業の導入教育」として新たな役割を担うことを期待している。

【注】
　1）番場（2010）91 ページ。
　2）文部科学省（2015）。
　3）文部科学省（1993）。
　4）文部科学省（1993）。
　5）下田（2007）。
　6）ケラー、鈴木監訳（2015）47 ページ。
　7）文部科学省（1993）。
　8）文部科学省（1993）。
　9）下田（2007）。
10）本田（2016）114 ページ。
11）森岡・今西（2016）4 ページ。
12）文部科学省（1993）。
13）市川（2014）49-57 ページ。
14）文部科学省（2012）。
15）荒川（2009）183 ページ。ASUC 職業は「グラフィックデザイナー、ゲームデザイナー、ジュエリーデザイナー、ファッションデザイナー、デザイナー、フラワーデザイナー、インテリアデザイナー、ファッションコーディネーター、ミュージシャン、歌手、シンガーソングライター、バンドマン、ギタリスト、プロ野球選手、プロサッカー選手、プロバスケ選手、プロゴルファー、F1 レーサー、小説家、作家、脚本家、イラストレーター、漫画家、メイクアップアーティスト、ゲームプログラマー、トリマー、フォトグラファー、動物園の飼育係など」である。
16）熊沢（2010）164-166 ページ。

【参考文献】

荒川葉（2009）『「夢追い」型進路形成の功罪―高校改革の社会学―』東信堂。

市川伸一（2014）『学ぶ意欲とスキルを育てる―いま求められる学力向上策―』小学館。

熊沢誠（2010）『若者が働くとき―「使い捨てられ」も「燃えつき」もせず―』ミネルヴァ書房。

J・M・ケラー、鈴木克明監訳（2015）『学習意欲をデザインする―ARCS モデルによるインストラクショナルデザイン―』北大路書房。

下田好行（2007）「学習意欲向上のための総合的戦略に関する研究―『活用型・探求型の教育』の教材開発を通して―第 1 章第 4 節『知を活用する力』に着目した教材開発の枠組み」国立教育政策研究所 HP（https://www.nier.go.jp/）、2017年 7 月アクセス。

番場博之（2010）「商業高校の存立と商業教育の変容」『駒澤大学経済学論集』第41 巻第 4 号。

本田由紀（2016）『教育の職業的意義―若者、学校、社会をつなぐ―』筑摩書房。

森岡毅・今西聖貴（2016）『確率思考の戦略論―USJ でも実証された数学マーケティングの力―』KADOKAWA。

文部科学省（1993）「総合学科について」文部科学省 HP（http://www.mext.go.jp/）、2017 年 7 月アクセス。

文部科学省（2012）「初等中等教育分科会（第 80 回）配付資料」文部科学省 HP（http://www.mext.go.jp/）、2018 年 2 月アクセス。

文部科学省（2015）「幅広い科目の中から選んで学ぶ総合学科パンフレット」文部科学省 HP（http://www.mext.go.jp/）、2017 年 7 月アクセス。

（堀川 順也）

コラム5 普通科における商業教育

普通科における商業教育の導入状況

高等学校における商業教育の研究は、非常に少ないのが現状である。それでも、商業科や総合学科における商業教育についての研究はいくらかみつかるのだが、普通科における商業教育についての研究は皆無といっていい状況である。

一般的に、高等学校の普通科は国語や数学などの普通教科だけを生徒に履修させていると考えられがちである。しかし、「普通科においては、地域や学校の実態、生徒の特性、進路等を考慮し、必要に応じて、適切な職業に関する各教科・科目の履修の機会の確保について配慮するものとする」と学習指導要領の第1章に記載があるように、普通科でも専門教育を行うことは可能であり、実際に多くの普通科で商業教育が導入されてきた。

また、既存校から総合学科や普通科総合選択制などに移行する場合、母体が商業科の場合には、移行後も商業科目（教科「商業」科目）が多く導入される傾向がある。

図表1は、47都道府県立の高等学校普通科の教育課程を情報公開請求により収集し、商業科目を導入している学校について集計したものである。47都道府県立の普通科を有する高等学校において商業科目を開設しているのは611校である。47都道府県立の高等学校普通科設置学校数は2213校〔全国学校データ研究所（2014）『全国学校総覧2015年版』原書房、87-193ページ〕であるから、全国の高等学校普通科のうちのおよそ4分の1で商業科目が開設されていることになる。

普通科で開設されている商業科目

文部科学省の調査〔文部科学省「公立高等学校の普通科における職業に関する教科の開設状況に関する調査」文部科学省HP（http://www.mext.go.jp/）、2017年3月アクセス〕によると、普通科で施されている専門教育は、1番目に多いのが専門教科「家庭」であり、2番目が教科「商業」であり、3番目が専門教科「情報」である。

では、商業科目を開設している普通科ではどのような科目が開設されているのか、商業科目20科目と学校設定科目について、先に挙げた商業科目を開設している学校611校での開設状況を確認してみよう（図表1）。

その総数は2143科目である。最も多く開設されているのが「情報処理」であり、次に多いのは「簿記」であり、3番目が「ビジネス基礎」である。基礎的な科目が主に開設されるという傾向が、普通科における商業科目導入の際の特徴といえるであろう。

図表 1　普通科での商業科目の導入状況（2015 年）

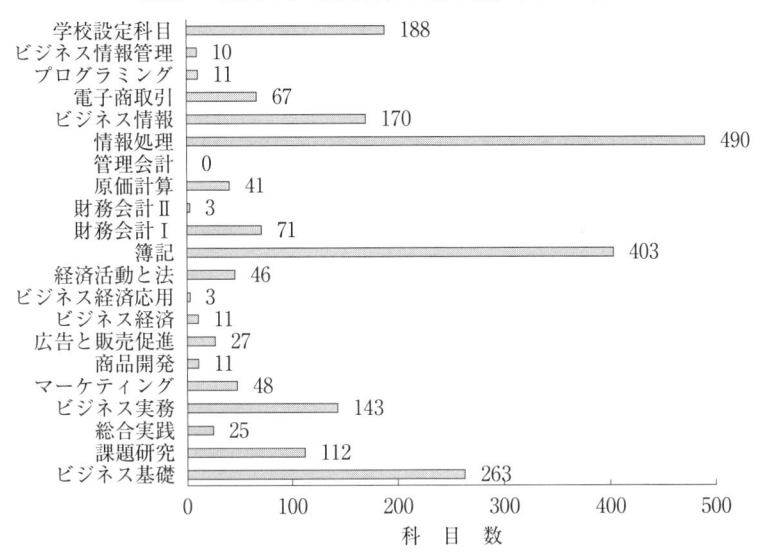

- 学校設定科目　188
- ビジネス情報管理　10
- プログラミング　11
- 電子商取引　67
- ビジネス情報　170
- 情報処理　490
- 管理会計　0
- 原価計算　41
- 財務会計Ⅱ　3
- 財務会計Ⅰ　71
- 簿記　403
- 経済活動と法　46
- ビジネス経済応用　3
- ビジネス経済　11
- 広告と販売促進　27
- 商品開発　11
- マーケティング　48
- ビジネス実務　143
- 総合実践　25
- 課題研究　112
- ビジネス基礎　263

横軸：0　100　200　300　400　500　科　目　数

出所：都道府県立高等学校普通科の「教育課程」の調査結果（2015 年度）より筆者作成。

　普通科でも商業科目を開設することによって、リアリティをもって経済活動を理解でき、普通教科だけでは得ることができにくい幅広い視野が養われると考えられる。また、基礎的な商業科目の内容と普通教科の内容および進路指導などが結びつくことで、将来のキャリアについて考えるきっかけになっていると考えられる。

　さらに、商業科目を利用して、資格や検定対策を行い、他の普通科とは違ったアピールポイントになっているとも考えられる。

（宮原　誠也）

商業教育研究会の記録

第1回（2015年3月8日、日曜）参加者21名

発会の経緯について　　　　　　　　　　　　　　　　　　　　番場博之（駒澤大学）

報告「商業高校の縮小はなぜ進むのか」　　　森脇一郎（神戸市立六甲アイランド高等学校）

実践から考える「商業高校における検定試験の意味」

　　　　　　　　　　　　　　　　　斎藤雄一郎（栃木県立宇都宮商業高等学校）

キックオフミーティング

第2回（2015年8月30日、日曜）参加者22名

ファシリテータ：鈴木淳志（群馬県立嬬恋高等学校）・番場博之（駒澤大学）

報告「総合学科高校における商業教育」　　　堀川順也・水島啓進（静岡県立小笠高等学校）

実践から考える「商業高校における情報処理科の生き残りをかけた挑戦」

　　　　　　　　　　　　　　　　　　　　佐々木明（下関商業高等学校）

報告「小論文指導等」　　　　　　　　　　　　　　　　　眞嶋康雄（国学院大学）

第3回（2016年3月6日、日曜）参加者30名

コーディネータ：鈴木淳志（群馬県立嬬恋高等学校）・番場博之（駒澤大学）

座長：水島啓進（静岡県立小笠高等学校）

報告「『職業的意義』のある教育の必要性―日本社会の変容をふまえて―」

　　　　　　　　　　　　　　　　　　　　本田由紀（東京大学）

座長：小林宏（埼玉県立戸田翔陽高等学校）

実践から考える「マーケティング分野の指導について

　―科目『商品開発』『マーケティング』での取り組みを中心として―」

　　　　　　　　　　　　　　江口真平（和歌山県立和歌山商業高等学校）

座長：森脇一郎（神戸市立摩耶兵庫高等学校）

ラウンド・テーブル「現職教員の再教育・研修制度について」

　　　　　　　　　　　　　　（経験者による報告と意見交換・質疑応答）

報告「高等学校普通科における商業教育（修士論文構想)」

　　　　　　　　　　宮原誠也（駒澤大学大学院生・埼玉県立吉川美南高等学校）

第4回（2016年8月27日、土曜）参加者35名

コーディネータ：鈴木淳志（群馬県立嬬恋高等学校）

取り組み紹介「『ティーチャーズ・イニシアティブ』と『21世紀型の学びを楽しくするワー
　クショップ』の紹介」　　　　　　　　並木通男（埼玉県立新座総合技術高等学校）

シンポジウム「高等学校商業教育の行方」

問題提起・司会：番場博之（駒澤大学）

　　　　　　パネラー：西村修一（文部科学省）

　　　　　　　　　　中村真二（静岡県立小山高等学校）

　　　　　　　　　　森脇一郎（神戸市立摩耶兵庫高等学校）

実践から考える（アクティブ・ラーニングの取り組み）
「探求型の商業教育—クエストエデュケーション実践報告—」

宮地勘司（教育と探求社）・小林宏（埼玉県立戸田翔陽高等学校）

第5回（2017年3月4日、土曜）参加者33名

総合司会：江口真平（和歌山県立和歌山商業高等学校）

堀川順也（静岡県立小笠高等学校）

取り組み紹介

　丸山充（山形県立米沢商業高等学校）

座長：石嶺ちづる（国際学院埼玉短期大学）

報告「後期中等教育におけるジェネリックスキルを育てる商業的な学び

　—次期学習指導要領を考えて—（中間報告）」　　鈴木庸介（静岡県立駿河総合高等学校）

座長：小林宏（埼玉県立戸田翔陽高等学校）

コメンテータ：森脇一郎（神戸市立摩耶兵庫高等学校）

実践報告

「商業教育における小高連携の可能性」　　　　　　鈴木淳志（群馬県立嬬恋高等学校）

「インバウンド取り込みを目指した地域おこしの実践」　伊東秀幸（静岡県立土肥高等学校）

「これからの商業教育における『学習機会』の活用について」

中村誠一（翔泳社・商業教育応援団）

座長：川田一寿（日本電子専門学校）

コメンテータ：水島啓進（静岡県立小笠高等学校）

報告

「実学簿記のすすめ」　　　　　　　　　　　　　　　　　　林一（叡智塾）

「商業科での学びと進路—商業科出身者の観点から—」　若下真太郎（早稲田大学学生）

第6回（2017年7月29日、土曜）参加者42名

総合司会：堀川順也（静岡県立小笠高等学校）

江口真平（和歌山県立和歌山商業高等学校）

座長・コメンテータ：水島啓進（静岡県立小笠高等学校）

報告「世界と日本の職業教育—職業教育の捉え方を中心に—」

石嶺ちづる（国際学院埼玉短期大学）

座長・コメンテータ：川口敦志（和歌山県立和歌山商業高等学校）

吉田美春（東京都立第四商業高等学校）

報告・実践報告Ⅰ

「各種学校専修学校の職業教育—その歴史的変遷をみる—」

倉田研一（名古屋大学大学院生）

「キャリア教育と商業教育—総合学科高校キャリアカウンセラーの立場から—」

桜井伸一（東京都立若葉総合高等学校）

座長・コメンテータ：斎藤雄一郎（栃木県立宇都宮商業高等学校）

山田晃之（神奈川県県民局、前神奈川県立厚木商業高等学校）

報告・実践報告Ⅱ

「専門学校における情報教育について」　　　　　　　川田一寿（日本電子専門学校）
「高校商業教育における情報教育の在り方」　　　　　佐々木明（下関商業高等学校）

第7回（2018年3月3日、土曜）参加者39名

総合司会：伊東秀幸（静岡県立伊豆総合高等学校土肥分校）
　　　　　　吉田美春（東京都立第四商業高等学校）
座長・コメンテータ：水島啓進（静岡県立小笠高等学校）
報告「商業高校の就職指導」　　　　　　　　　堀有喜衣（労働政策研究・研修機構）
座長・コメンテータ：吉田美春（東京都立第四商業高等学校）
　　　　　　伊東秀幸（静岡県立伊豆総合高等学校土肥分校）
実践報告「高校生ホテルについて」　　　　　　小見山秀彦（静岡県立熱海高等学校）
取り組み紹介
「地域とつながる社会貢献教育の模索」　　　　河野翔太（京都府立京都すばる高等学校）
「商業科教員になって」　　　　　　　　　　　比企信之（川越市立川越高等学校）
「商業科のある高校図書館の司書として」　　　横山史江（埼玉県立越谷総合技術高等学校）
「地域資源と商業教育」　　　　　　　　　　　伊東秀幸（静岡県立伊豆総合高等学校土肥分校）
パネルディスカッション「高等学校商業教育と検定試験」
コーディネータ：佐々木明（下関商業高等学校）
パネラー：澤田龍一（東京都立第一商業高等学校）
　　　　　　鈴木庸介（静岡県立駿河総合高等学校）
　　　　　　堀川順也（静岡県立小笠高等学校）
　　　　　　斎藤雄一郎（栃木県立宇都宮商業高等学校）

第8回最終回（2018年8月25日、土曜）

総合司会：水島啓進（静岡県立小笠高等学校、駒澤大学）
講演「新高等学校学習指導要領教科商業科に込めた思い」　　　西村修一（文部科学省）
　　　　文部科学省初等中等教育局児童生徒課産業教育振興室　教科調査官
　　　　　　国立教育政策研究所教育課程研究センター研究開発部　教育課程調査官
報告「高等学校商業教育とその研究の課題と展望」　　　　　番場博之（駒澤大学）
実践報告
「シティズンシップを培う日経STOCKリーグ実践について
　―創意夢現　探求型『ビジネス教育』20年で得たもの―」
　　　　　　　　　　　　　　　　　　　　　衛藤準（大分県立三重総合高等学校）
「国際社会とつながる商業教育―フェアトレードとエシカル消費―」
　　　　　　　　　　　　　　　　　　　　　大川慎介（静岡県立駿河総合高等学校）
「イベント型ではないアクティブ・ラーニングの実践」
　　　　　　　　　　　　　　　　　　　　　小林宏（埼玉県立戸田翔陽高等学校）

※会場はすべて駒澤大学

あとがき

　番場先生と初めてお会いしたのは、2014 年 10 月大東文化大学で開催された日本産業教育学会で「商業高校縮小をめぐる議論の考察―番場博之氏の所論を手がかりに―」というテーマで口頭発表を行ったときである。この発表が終わった後、先生からお声掛けいただき廊下で長時間の立ち話をしたことを鮮明に覚えている。

　その後、幾度かのメールをやり取りするなかで、高等学校商業教育の現状や今後について本音で議論できる研究会が必要であるという共通認識を経て、「思想信条、国籍、キャリア、性別、年齢、肩書などに拘束されず」「何のしがらみもなく」「自由にモノゴトを考え議論できる」場として、本研究会（商業教育研究会）が発足した。

　4 年間（計 8 回）にわたって本研究会を開催してきたわけであるが、この研究会の特徴についていくつか述べておきたい。まず第 1 に、研究会に参加するメンバーの多様性である。商業科の教員はもちろんのこと国語科や地理歴史・公民科の教員、大学や研究機関の研究者、商業科の教員を目指す大学生や大学院生、専門学校の教員や簿記の個人塾経営者、出版関係者、新聞記者、文部科学省の高等学校商業教育担当者というように、毎回、幅広い分野から参加者が集まった。特に大学生や大学院生の参加は、他団体にはみられない大きな特徴であるといえる。第 2 に、現場では既定のこととして口外しにくい検定試験について、それぞれの立場から自由に議論する場となったことである。高等学校商業教育のあり方を考えていく際、検定試験の問題は避けて通ることのできないテーマであるが、本書や本研究会における検定試験と授業のあり方に関する議論は、全国の商業科の教員に検定試験の功罪について再考を促す役割を果たしているのではないだろうか。第 3 に、私的な研究会であるために私費での参加が前提となるが、毎回、全国から多数の参加者があったことである。この研究会で得た全国的な人的つながりは、今後のあらゆる場面で活かされると思う。

　ところで、「勉強する」とはどういうことであろうか。ある教育学者は「自前の概念装置を組み立てること」と表現した。簡単にいえば、「勉強すること

は自分のメガネを組み立てること」と言い換えることができる。つまり、勉強をしなければ社会で生起している問題や矛盾を自分の頭で考えることができず、モノゴトを直感的、観念的にしか捉えることができないが、勉強して自前のメガネを組み立てれば、自分の頭でモノゴトを客観的かつ合理的に考えることができ、現実社会を広く見渡すことができるということである。このとき、商業を学んだ生徒は商業のレンズを通じた概念装置になるだろうし、工業や農業、あるいは普通科で教養的な内容を学んだ生徒は、それぞれの学びの特性を備えたレンズが概念装置に組み込まれ、世の中を広く見渡すことができるようになるという意味である。しかし、現状の高等学校商業教育においては、「勉強する」ことは検定試験の合格証書を手にすることに矮小化され、「自前の概念装置」を組み立てることに繋がっていないのではないだろうか。本書において、特に若手教員が検定試験に対置する教育として述べたかったのは、おそらくこのことではないかと思う。

　本書は、論文を書くことや出版を経験したことの少ない現職の高等学校教員による原稿が多くを占めている。したがって、内容的に不十分な点やさらなる検討を要する点があることは自覚している。けれども、高等学校商業教育に新たな教育可能性を見出すためには、1人ひとりの商業科教員が自らの力で新たな道を切り拓いていく努力が不可欠である。本書が高等学校商業教育に携わる読者の皆様に、現状の教育について再検討する端緒となり、今後、そのあり方について活発な議論が展開されることを願ってやまない。

　　　　　　　　　　　　　　　　　　　　　　　　森脇一郎

索　引

【編著者紹介】

番場博之（ばんば・ひろゆき）

1966 年　新潟県生まれ
早稲田大学大学院教育学研究科修士課程修了、駒澤大学大学院商学研究科博士後期課程満期退学
現在、駒澤大学経済学部・大学院商学研究科教授
専門：流通経済学・教育社会学、博士（商学）・博士（教育学）

森脇一郎（もりわき・いちろう）

1959 年　岡山県生まれ
兵庫教育大学大学院学校教育研究科修士課程修了、神戸学院大学大学院人間文化学研究科博士後期課程満期退学
現在、常葉大学経営学部専任講師
専門：商業教育・職業指導、教育学修士

水島啓進（みずしま・ひろのぶ）

1964 年　静岡県生まれ
名古屋大学大学院発達科学研究科博士前期課程修了
現在、静岡県立小笠高等学校教諭、駒澤大学経済学部・大学院商学研究科非常勤講師
専門：国文学・産業教育、修士（教育）

高等学校と商業教育

2018 年 8 月 25 日　第 1 版 1 刷発行

編著者―番場博之・森脇一郎・水島啓進
発行者―森口恵美子
印刷所―シナノ印刷㈱
製本所―㈱グリーン
発行所―八千代出版株式会社

〒101-0061　東京都千代田区神田三崎町 2-2-13
TEL　03-3262-0420
FAX　03-3237-0723
振替　00190-4-168060

＊定価はカバーに表示してあります。

＊落丁・乱丁本はお取り替えいたします。

ISBN978-4-8429-1730-6　　　　©2018 H. Bamba et al.